AF308373

La belle équipe du football français

50 ans de légende de Platini à Mbappé

Ce livre est dédicacé à tous les amoureux du football.

Y. Laurent-Rouault

La partie foot

Le classement :

7 portraits complets de joueurs de légende
10 dossiers bonus de joueurs historiques
1 portrait complet de l'entraîneur suprême
6 autres entraîneurs en dossiers bonus
1 président de club en dossier bonus
8 Coupes du monde en dossier bonus
avec
les reprises des matchs phares de l'équipe de France dans les compétitions
&
la programmation connue de la Coupe du monde de 2022

Mais aussi :

6 coupes titres en dossiers bonus
&
7 autres dossiers bonus footballistiques surprenants
soit :
8 grands portraits complets sur 50 ans de légende du football français
&
38 dossiers bonus
dont
2 dossiers « malus » sur le monde du foot et ses acteurs

Ainsi que :

Plus de 400 joueurs de toutes nationalités cités en références footballistiques
50 invités en loges présidentielles
Dont 1 dossier bonus présidentiel
10 commentateurs de légende
Dont 3 dossiers bonus sur les voix du sport

40 entraîneurs

35 invités people

80 commentaires sportifs

&

tests de connaissances

(Le saviez-vous ?)

Notre équipe prestige

1. Antoine Griezmann **(Portrait)**
2. Aimé Jacquet **(Portrait)**
3. Basile Boli **(Bonus)**
4. Diego Maradona **(Bonus)**
5. Dino Zoff **(Bonus)**
6. Dominique Rocheteau **(Bonus)**
7. Éric Cantona **(Portrait)**
8. Fabien Barthez **(Portrait)**
9. Jean Tigana **(Bonus)**
10. Jean-Pierre Papin **(Portrait)**
11. Kylian Mbappé **(Portrait)**
12. Michel Platini **(Portrait)**
13. Olivier Giroud **(Portrait)**
14. Papin, révélation du Mondial 1986 **(Bonus)**
15. Un chauve chez les Bleus **(Bonus)**
16. Thierry Henry **(Bonus)**
17. Zinédine Zidane **(Portrait)**
18. Giroud au Mondial 2018 **(Bonus)**
19. Le PSG **(Bonus)**
20. L'AS Saint-Étienne **(Bonus)**
21. Les Dieux du stade 1998 **(Bonus)**
22. Lionel Messi **(Bonus)**

En loges présidentielles

1. Alain Giresse
2. Bacary Sagna
3. Bernard Lama
4. Bixente Lizarazu
5. Blaise Matuidi
6. Christophe Dugarry
7. David Trezeguet
8. Didier Drogba
9. Didier Six
10. Dimitri Payet
11. Djibril Cissé
12. Dominique Rocheteau
13. Emmanuel Petit
14. Éric Abidal

15. Florent Malouda
16. Franck Ribéry
17. Franck Sauzée
18. Frank Lebœuf
19. Stéphane Guivarc'h
20. Hugo Lloris
21. Ibrahim Ba
22. Jean-Marc Ferreri
23. Jérémy Ménez
24. Joël Bats
25. Just Fontaine
26. Karim Benzema
27. Laurent Blanc
28. Lilian Thuram
29. Lionel Messi
30. Claude Makélélé
31. Marcel Desailly
32. Marius Trésor
33. Mathieu Valbuena
34. Neymar
35. Nicolas Anelka
36. Pascal Olmeta
37. Pascal Vahirua
38. Patrice Évra
39. Paul Nicolas
40. Paul Pogba
41. Raphaël Varane
42. Raymond Kopa
43. Robert Pirès
44. Alain Roche
45. Samuel Umtiti
46. Sylvain Wiltord
47. Yoann Gourcuff
48. Yohan Cabaye
49. Youri Djorkaeff
50. Zlatan Ibrahimović

Sur le banc

1. Albert Batteux
2. Bernard Lacombe
3. Bernard Laporte
4. Bernard Tapie **(Bonus)**
5. Carlo Ancelotti
6. Charles Biétry
7. Christoph Daum
8. Claude Bez
9. Claude Gilli
10. Dans les yeux d'Olivier **(Bonus)**
11. Didier Deschamps
12. Fernand Sastre
13. Franz Beckenbauer **(Bonus)**
14. Gérard Houllier
15. Giovanni Agnelli **(Bonus)**
16. Giovanni Trapattoni
17. Guy Roux **(Bonus)**
18. Henri Michel **(Bonus)**
19. Howard Wilkinson
20. Jean Snella
21. Lennart Johansson
22. Michel Denisot **(Bonus)**
23. Michel Platini
24. Rafael Benítez

25. Raymond Domenech
26. Robert Herbin
27. Roger Courtois
28. Roger Lemerre
29. Rolland Courbis

En cabine

1. Alain Pécheral
2. Mélissa Theuriau
3. Bernard Père
4. Jean-Michel Larqué
5. Les guignols de l'info **(Bonus)**
6. Patrick Poivre d'Arvor
7. Raymond Marcillac
8. Roger Zabel
9. Thierry Gilardi **(Bonus)**
10. Thierry Roland **(Bonus)**

Rencontres

1. La Coupe d'Europe 1984 **(Bonus)**
2. La Coupe du monde 1994 **(Bonus)**
3. L'histoire du Mondial 1998 **(Bonus)**
4. Les meilleurs buteurs CDM 1998 **(Bonus)**
5. La Coupe Gambardella **(Bonus)**
6. La Coupe Intertoto **(Bonus)**
7. La Coupe du monde 2006 **(Bonus)**
8. La Coupe du monde 2014 **(Bonus)**
9. La Coupe du monde 2010 **(Malus)**
10. La tragédie du Heyssel **(Malus)**
11. La Coupe du monde 2018 **(Bonus)**
12. La Copa del Rey **(Bonus)**
13. Les matchs de barrage de la Coupe du monde 2022 **(Bonus)**
14. La Coupe du monde 2022 **(Bonus)**

Dans les vestiaires

1. Alain Prost (respect)
2. Anna Lewandowska
3. Antonella Roccuzzo

4.	Arlette Laguiller (travailleuse spoliée)
5.	Arlette Chabot
6.	Ayrton Senna (dans le virage)
7.	Bernadette Chirac (carte vermeille SNCF)
8.	Bernard Kouchner (sans sac de riz)
9.	Bruna Marquezine
10.	Camille Tytgat
11.	David Douillet (avec sa tirelire)
12.	Dominique Strauss-Kahn (vestiaire)
13.	Erika Choperena
14.	François Bayrou (en duplex de Pau)
15.	François Mitterrand (écharpe neutre)
16.	Georgina Rodriguez
17.	Gérald Dahan (trublion)
18.	Gerard Piqué
19.	Helena Seger
20.	Izabel Goulart
21.	Jacques Chirac **(Bonus)**
22.	Jacques Villeret
23.	Jacques Weber
24.	Jean Becker
25.	Jennifer Giroud
26.	Johnny Hallyday (fan du stade de France)
27.	Les footballeurs et les mannequins **(Bonus)**
28.	Lionel Jospin (en duplex de l'île de Ré)
29.	Ludivine Sagna
30.	Maria Salaues
31.	Marine Lloris
32.	Nadine Morano (avec Paulo)
33.	Nicolas Sarkozy (faché)
34.	Oriana Sabatini
35.	Pamela Anderson
36.	Patrick Dewaere
37.	Pilar Rubio
38.	Rama Yade (à l'hôtel)
39.	Richard Virenque (à l'insu de son plein gré)

40.   Roselyne Bachelot (invitée pour la forme)
41.   Shakira (Waka Waka)
42.   Valérie Giscard d'Estaing (sans accordéon)

Commentaires sportifs

« Le saviez-vous ? »

1.   Penalty area
2.   Lennart Johansson
3.   Au SMIG
4.   El Pibe de Oro
5.   But anniversaire
6.   Allumer le feu
7.   Valise en carton (rouge)
8.   Les 30 000
9.   Hommage
10.   Les Verts
11.   L'arconada
12.   La frappe en rupture
13.   La console de Guy Roux
14.   Culture pub
15.   La tête à Zizou
16.   Virus
17.   Cantona et l'arbitre
18.   Tapis vert
19.   L'a pas « Aimé »
20.   La CDM 94 au micro
21.   Ayrton Senna
22.   Oleg Salenko
23.   Le trophée Joan Gamper
24.   JPP meilleur buteur
25.   Cacolac… Culture pub II
26.   La règle des buts à l'extérieur
27.   Une fois
28.   Le banco de Tapie
29.   La bise à Tonton
30.   Case prison
31.   Ossature
32.   171 buts
33.   32 équipes
34.   Stadium
35.   Le 1000^e
36.   Zizou VS Cantona
37.   Mais allô quoi !
38.   Donnez argent
39.   Un volcan s'éteint…
Culture pub III
40.   Quarts de finale
41.   But en or
42.   Demi-finale France/Allemagne
43.   Le Portugal et nous
44.   Procureur
45.   Ronaldo
46.   Le soulier d'or
47.   Deux records de Fabien Barthez
48.   Lama toujours faire…
49.   La coupe Kirin
50.   Un castar !

51. Calé !
52. Mbappé et Luka Modrić
53. Grrr
54. Le coup du scorpion
55. Je ne suis pas un Benzema
56. Carton rouge/carton jaune
57. L'appel du pivot
58. Doublés
59. Un type qui parle
60. Bravo
61. Dans le journal *Sud-Ouest*
62. Dommage
63. Une petite nouvelle
64. Yes sir !
65. Banco !
66. Ce n'est qu'un au revoir !
67. C'est générationnel
68. Quatre sinon rien !
69. Passe d'abord ton bac !
70. Une petite chanson
71. Baby sponsoring
72. Le clasico
73. IFFHS
74. Monnaie, monnaie…
75. Tirez les premiers, Messieurs les Anglais…
76. Bluffant !
77. Chevaliérisation
78. Arrivée d'air chaud
79. Une pluie de récompenses
80. Sans alcool, la fête est plus molle.

Dans les tribunes

1. Andrzej Szarmach
2. Alfredo Di Stéfano
3. Yannick Stopyra
4. Jacky Vergnes
5. Abou Diaby
6. Adil Rami
7. Agustín Delgado
8. Ahn Jung-hwan
9. Alan Shearer
10. Albert Domenech
11. Albert Gemmrich
12. Albert Rust
13. Alberto García Aspe
14. Alberto Gilardino
15. Alen Bokšić
16. Alessandro Del Piero
17. Alessandro Nesta
18. Alexander Frei
19. Allan Nielsen
20. Alou Diarra
21. Anatoli Tymoshchuk
22. Tore André Flo
23. Andrea Barzagli
24. Andrea Pirlo
25. Andreas Herzog
26. Andreas Möller
27. André-Pierre Gignac
28. Angelo Peruzzi
29. Anthony Réveillère
30. Anton Polster

31. Ariel Ortega
32. Arjen Robben
33. Aruna Dindane
34. Bruno Germain
35. Bartosz Bosacki
36. Bastian Schweinsteiger
37. Battiston, Girard
38. Bebeto
39. Benedict McCarthy
40. José Benítez
41. Bernard Genghini
42. Jean-Alain Boumsong
43. Brian Laudrup
44. Brian McBride
45. Bruno Bellone
46. Óscar Cardozo
47. Carlos Tévez
48. Celso Ayala
49. César Sampaio
50. Herbert Chapman
51. Christophe Galtier
52. Claudio López
53. Christophe Cocard
54. Corentin Martins
55. Craig Burley
56. Cristian Zaccardo
57. Cuauhtémoc Blanco
58. Dan Petrescu
59. Daniel Bravo
60. Daniel Moreira
61. Daniele De Rossi
62. Darren Anderton
63. David Beckham
64. David James
65. Davids Marc
66. Dennis Bergkamp
67. Moussa Diaby
68. Abdoulaye Diallo
69. Didier Beugnies
70. Didier Six
71. Didier Tholot
72. Dieter Müller
73. Bernard Diomède
74. Dominique Corroyer
75. Dominique Dropsy
76. Dwight Yorke
77. Ebbe Sand
78. Loïc Perrin
79. Eggen Håvard
80. Emil Kostadinov
81. Enzo Scifo
82. Éric Abidal
83. Éric Pecout
84. Fabio Cannavaro
85. Fabio Grosso
86. Fadiga
87. Fernando Hierro
88. Fernando Morientes
89. Jean-Marc Ferreri
90. Filippo Inzaghi
91. Tore André Flo
92. Francesco Totti
93. Francisco Fonseca
94. François Bracci
95. Frank Lampard
96. Fredrik Ljungberg
97. Fuad Amin
98. Gaël Clichy
99. Gaëtan Huard
100. Gennaro Gattuso
101. Gérard Soler
102. Gerd Müller

103. Gianluca Zambrotta
104. Gianluigi Buffon
105. Gilbert Bodart
106. Goran Vlaović
107. Ha Seok-ju
108. Abdeljalil Hadda
109. Ricardo Peláez
110. Hamidreza Estili
111. Harry Kewell
112. Hatem Ben Arfa
113. Hernán Crespo
114. Hidetoshi Nakata
115. Ivica Vastić
116. Javier Saviola
117. Javier Zanetti
118. Jean-Claude Bielitzki
119. Jean-Claude Lemoult
120. Jean-François Domergue
121. Jérémy Toulalan
122. Jim Leighton
123. Jimmy Briand
124. João Ricardo
125. Joe Cole
126. Joe Jordan
127. Johan Micoud
128. John Collins
129. John Terry
130. José Anigo
131. José Luis Sierra
132. Joseph-Antoine Bell
133. Juan Román Riquelme
134. Juanito
135. Julio dos Santos
136. Jürgen Klinsmann
137. Kaká
138. Salomon Kalou
139. Kapo
140. Karl-Heinz Förster
141. Kasey Keller
142. Kiko Raúl
143. Kjetil Rekdal
144. Léider Preciado
145. Lilian Laslandes
146. Luc Nilis
147. Luca Toni
148. Ludovic Batelli
149. Luigi Di Biagio
150. Luis Enrique
151. Luis Fernandez
152. Luís Figo
153. Lukas Podolski
154. Maniche
155. Manuel Amoros
156. Marc Planus
157. Marc Rieper
158. Marc Wilmots
159. Marco Amelia
160. Marco Materazzi
161. Mario Stanić
162. Martin Jørgensen
163. Bruno Martini
164. Masashi Nakayama
165. Massimo Oddo
166. Mauro Camoranesi
167. Maxi Rodríguez
168. Maxime Bossis
169. Maksym Kalynychenko
170. Mehdi Mahdavikia
171. Philippe Mexès
172. Michael Ballack
173. Michael Essien
174. Michael Laudrup

175.	Michael Owen
176.	Mickaël Landreau
177.	Miguel Ángel
178.	Miroslav Klose
179.	René Domingo
180.	Loïc Perrin
181.	Christian Lopez
182.	Gérard Farison
183.	Hervé Revelli
184.	Jean-Michel Larqué
185.	Gérard Janvion
186.	Jérémie Janot
187.	Stéphane Ruffier
188.	Miroslav Klose
189.	Mustapha Hadji
190.	Mutiu Adepoju
191.	Nikki Bull
192.	Oleg Salenko
193.	Oleksandr Chovkovsky
194.	Oliver Bierhoff,
195.	Omar Bravo
196.	Wilson Oruma
197.	Marc Overmars
198.	Owen Hargreaves
199.	Park Ji-sung
200.	Patrick Battiston
201.	Patrick Colleter
202.	Patrick Kluivert,
203.	Patrick Mboma
204.	Paul Scholes
205.	Paulo Futre
206.	Peter Møller
207.	Philipp Lahm
208.	Philippe Bergerôo
209.	Phillip Cocu
210.	Pierre Njanka
211.	Pierre van Hooijdonk
212.	René Girard
213.	Rivaldo
214.	Robbie Fowler
215.	Robert Earle
216.	Robert Jarni
217.	Robert Prosinečki
218.	Roberto Baggio
219.	Rod Fanni
220.	Romário
221.	Ronald de Boer
222.	Cristiano Ronaldo
223.	Ryan Giggs
224.	Sabri Lamouchi
225.	Moussa Saïb
226.	Álvaro Morata
227.	Bafétimbi Gomis
228.	Franck Lampard
229.	Salaheddine Bassir
230.	Sami al-Jaber
231.	Yoo Sang-chul
232.	Sébastien Squillaci
233.	Shaun Bartlett
234.	Sidney Govou
235.	Simone Barone
236.	Simone Perrotta
237.	Skander Souayah
238.	Slobodan Komljenović
239.	Stéphane Ziani
240.	Stephen Appiah
241.	Cedrick Wilson
242.	Taribo West
243.	Theodore Whitmore
244.	Thierry Laurey
245.	Thierry Tusseau
246.	Thomas Helveg

247. Jean-Christophe Thouvenel
248. Tijjani Babangida
249. Tim Cahill
250. Tomáš Rosický
251. Touré
252. Thierry Tusseau
253. Erwin Vandenbergh
254. Philippe Vercruysse
255. Verlaat
256. Victor Ikpeba
257. Viorel Moldovan,
258. Wallace
259. William Ayache
260. William Gallas
261. William Prunier
262. Xabi Alonso
263. Xavi
264. Yann M'Vila
265. Youssef al-Thuniyan
266. Yvan Garofalo
267. Yvon Le Roux
268. Zé Kalanga
269. Zé Roberto
270. Adrian Ilie
271. Ziad Jaziri
272. Zlatko Vujović
273. Zoran Vujović
274. Roger Boli
275. Patrice Garande
276. Et bien d'autres !

Bibliographie de
Yoann Laurent-Rouault

Yoann Laurent Rouault est le directeur littéraire et artistique de la maison d'édition JDH depuis 2019, et y est associé depuis 2021. Il y gère également 6 collections à titre personnel.

Formé aux Beaux-Arts de Rennes, *titulaire du DNAP en 1997 (ERBA) et du DNSEP avec mention en 1999 (ERBA)*, entre autres diplômés, ancien des métiers de l'enseignement de l'académie de Bretagne, de la publicité et de la communication, il est aujourd'hui un artiste visuel reconnu avec plus de 600 illustrations éditées entre 2019 et 2023, pour les maisons d'édition JDH et Memoria Books. Il a aussi réalisé plus d'une centaine de couvertures de livres pour différentes maisons et auteurs.

Yoann Laurent-Rouault est également l'auteur remarqué d'environ 70 titres parus ou à paraître depuis 2019 (romans, nouvelles, pamphlets, théâtre, dossiers documentaires historiques ou littéraires, préfaces documentées, livres illustrés, etc.). Son activité de biographe compte 7 titres déjà parus ou à paraître d'ici à la fin 2023.

Entrepreneur, passionné des médias, il est producteur, animateur et réalisateur de web TV avec l'émission *La route des livre*s diffusée principalement sur JDHTV, il est également éditorialiste et rédacteur en chef de la revue littéraire *L'Édredon* de JDH Éditions et il collabore avec différents médias et supports web et avec différents organes de presse, notamment pour le magazine *Entreprendre* (lafontpresse.fr) comme éditorialiste.

Vous pouvez le retrouver sur près de 400 articles et sur des interviews comme celles de Maryssa Rachel, écrivaine et photographe, de Bruno Cras, journaliste et chroniqueur cinéma, ou encore avec Jean-David Haddad, économiste, auteur et éditeur, entre autres interventions.

Voici ci-dessous un aperçu de ses publications les plus récentes et de quelques-unes de ses collaborations éditoriales de ces 4 dernières années.

Histoire, économie, romans, théâtre et pamphlets de Yoann Laurent-Rouault

1. **Pierre de Coubertin, *Mémoires olympiques.*** Préface, dossier documentaire et 21 illustrations originales. Éditions Memoria Books.

2. **Zola.** *J'accuse.* Grand dossier documentaire sur l'affaire Dreyfus, bibliographie commentée, analyse historique et 25 illustrations originales. Éditions Memoria Books, à paraître 2nd semestre 2023.

3. *Le grand livre des constitutions. La France des Révolutions.* Préface, dossier documentaire et 30 illustrations originales, à paraître 2nd semestre 2023. Éditions Memoria Books.

4. *La belle équipe du football français : 50 ans de légendes*, de **Y. Laurent-Rouault et J.-D. Haddad**, collection Sporting Club. Écriture complète et 12 illustrations originales. Analyse économique Jean-David Haddad. JDH Éditions

5. *Bourse de Paris : 10 grands patrons, 10 grandes histoires.* **Y. Laurent-Rouault**, Les Pros de l'Éco. Écriture complète et 12 illustrations originales. Analyse économique de **Jean-David Haddad.** JDH Éditions

6. *Le conard nu,* roman. Collection « Magnitudes » (Pseudonyme : Arthur Saint Servan). JDH Éditions

7. *La banquière, le vélo et le pinceau.* Collection Nouvelles Pages (Pseudonyme : Landru). JDH Éditions

8. *Tu n'iras pas à l'école mon fils,* pamphlet. Collection Uppercut. JDH Éditions

9. *La dictature sanitaire* (collectif). Lettre ouverte, pamphlet, Collection Uppercut. JDH Éditions

10. *Le roman en pièce,* théâtre. Collection Drôles de Pages. JDH Éditions

11. *Les 84 marches,* roman d'anticipation. Collection Black Files. JDH Éditions

12. *L'anatomie de la Marguerite.* Recueil de textes (Pseudonyme : Arthur Saint Servan). JDH Éditions

13. *C'est quoi, les médias d'aujourd'hui ?* Pamphlet. Collection Uppercut (à paraître 2024). JDH Éditions

14. **Chrétien de Troyes**, résumé des textes, étude documentaire et 35 illustrations originales (à paraître fin 2023). Memoria Books

15. *Nana, un amour de Zola* (titre provisoire), étude documentaire, 50 illustrations originales, à paraître 2nd semestre 2023. Memoria Books

Quelques livres sur mesure et d'entreprises écrits par Y. Laurent-Rouault *(liste non exhaustive)*

16. *Immigration mon amour.* (RATP Paris) Biographie de Lamia Aamou. Collection Baraka. JDH Éditions

17. *Biographie d'Adnan el Bakri,* chirurgien, pionnier de la E-santé. Collection Baraka (à paraître). JDH Éditions

18. ***Plongeurs-démineurs***, Guillaume Garnier. Collection Nouvelles Pages. JDH Éditions
19. ***De Bocuse à la Corrèze : itinéraire d'un enfant gourmand***, Benoit Ducher. Collection Nouvelles Pages. JDH Éditions
20. ***Biographie de Dominique Large.*** Polare Cosmetics (à paraître). JDH Éditions

Autres livres illustrés par Yoann Laurent-Rouault pour Memoria Books

21. Memoria Books. *1984*, **George Orwell**. VO (35 illustrations originales)
22. Memoria Books. *1984*, **George Orwell**. VF (35 illustrations originales)
23. Memoria Books. *The Time Machine*, **H.G. Wells**. VO (15 illustrations originales)
24. Memoria Books. *La machine à explorer le temps*, **H.G. Wells**. VF (15 illustrations originales)
25. Memoria Books. *Reminiscences of a Stock Operator*, **Edwin Lefèvre**. (25 illustrations originales)
26. Memoria Books. *Mémoires d'un spéculateur*, **Edwin Lefèvre**. VF (25 illustrations originales)
27. Memoria Books. *24 contes illustrés pour attendre Noël* (30 illustrations originales)
28. Memoria Books. *Le livre des esprits*, **Allan Kardec** (25 illustrations originales)
29. Memoria Books. *Le Capital*, **Karl Marx**. Tome 1 VO (45 illustrations originales)
30. Memoria Books. *The Great Gatsby*, **F. Scott Fitzgerald**. VO (45 illustrations originales, à paraître 2023)
31. Memoria Books. *Propos de O. L. Barenton, confiseur*, **A. Detoeuf** (38 illustrations originales)

Articles et rédactionnel

Ici, quelques articles choisis et plébiscités parmi plus de 400 publiés sur différents supports dont 271 sur la seule revue littéraire *L'Édredon* entre juin 2020 et mars 2023 (revue dont il est rédacteur en chef et le concepteur avec Jean-David Haddad). Sa thématique est vaste : communication, sociologie, économie, politique, sport, critique cinéma, histoire, histoire de l'art, philosophie, philosophie politique et philosophie des arts, life style, art culinaire, œnologie, hommage, carnet de voyage, mais aussi des satyres, des articles sur les métiers, sur l'édition, sur les médias, sur la télévision…

Quelques liens vers des articles publiés par l'auteur

- https://www.entreprendre.fr/Soft skills et hard skills : quelle frontière entre talents et compétences en entreprise ? »
- https://www.entreprendre.fr/la-france-et-leconomie-de-larmement-qui-veut-la-paix-prepare-la-guerre/
- https://www.entreprendre.fr/quest-ce-que-la-chance-de-lentrepreneur/
- https://www.entreprendre.fr/declaration-des-droits-de-lhomme-le-principe-de-limpot-devoye/
- https://jdheditions.fr/revues/la-redevance-permanente/
- https://jdheditions.fr/revues/barbe-grise/
- https://jdheditions.fr/revues/un-collectif-sur-lesoterisme/
- https://jdheditions.fr/revues/35658/
- https://jdheditions.fr/revues/sur-lecriture-inclusive/
- https://jdheditions.fr/revues/tout-homme-bien-portant-est-un-malade-qui-signore/
- https://jdheditions.fr/revues/32939/
- https://jdheditions.fr/revues/la-route-des-livres/
- https://jdheditions.fr/revues/francis-scott-key-fitzgerald/
- https://jdheditions.fr/revues/le-sars-cov2-accelererait-lage-biologique-france-soir-publie-un-veritable-brulot/
- https://jdheditions.fr/revues/tu-niras-pas-a-lecole-mon-fils-extraits/
- https://jdheditions.fr/revues/amour-gloire-et-beaute-par-yoann-laurent-rouault/
- https://jdheditions.fr/revues/monsieur-belmondo/
- https://jdheditions.fr/revues/surrealisme-1-2/
- https://jdheditions.fr/revues/dada-1-2/
- https://jdheditions.fr/revues/pierre-soulages/
- https://jdheditions.fr/revues/affaire-om-valenciennes/
- https://jdheditions.fr/revues/bernard/
- https://jdheditions.fr/revues/la-declaration-des-droits-de-lhomme-et-du-citoyen-4-6/
- https://jdheditions.fr/revues/la-declarations-des-droits-de-lhomme-et-du-citoyen-3-6/
- https://jdheditions.fr/revues/les-journees-anthropologiques-au-j-o-de1904/
- https://jdheditions.fr/revues/citius-altius-fortius-pierre-de-coubertin-2-3/

La saga Platini

« Le football est un jeu avant un produit,
un spectacle avant un business et un sport avant un marché. »

Michel Platini en bref et en foot

* Début d'activité en 1972.
* Joueur international. Milieu de terrain offensif. Meneur de jeu.
* 50 fois capitaine de l'équipe de France de 1976 à 1987.
* Clubs : AS Nancy-Lorraine, AS Saint-Étienne, et Juventus de Turin.
* 356 buts marqués durant sa carrière.
* A remporté 3 ballons d'or consécutivement (fait unique.)
* Premier trophée international avec l'Euro 1984 remporté en finale face à l'Espagne 2-0 (9 buts marqués dans ce seul tournoi) et il sera deux fois demi-finaliste de la Coupe du monde, en 1982 et en 1986.
* Fin de carrière à 32 ans.
* Sélectionneur de l'équipe de France de football de 1988 à 1992.
* Coorganisateur avec Fernand Sastre de la Coupe du monde de football de 1998 en France.
* Président de l'Union des associations européennes de football (UEFA) pour trois mandats (de 2007 à 2015).
* 67 ans en 2022 (naissance en 1957 à Jœuf, en Meurthe-et-Moselle).
* De nationalité française.

Michel Platini est une légende non seulement du foot français, mais aussi du football international. Qui à lui seul prouve l'universalité de ce sport. Il est considéré par le plus grand nombre comme un des meilleurs joueurs de l'histoire. Le magazine *France Football* le désignera d'ailleurs « *meilleur footballeur français du XXe siècle* », devant Zinédine Zidane ou encore le fameux Raymond Kopa, tandis que la Juventus l'élira meilleur « *Bianconero* » de tous les temps. Comprenez par ce terme qui, littéralement traduit de l'italien, veut dire « noir et blanc », et illustre le logo de la Juventus qui est noir et blanc. Bref, en clair et sans décodeur : le meilleur des meilleurs joueurs de tous les temps de la Juv, c'est Platini !

Pour moi, Platini, c'est un dimanche en famille. Entre le rôti et le fromage. Ce sont des discussions qui remontent si loin dans l'enfance et l'adolescence que je revois la larme à l'œil les trognes un peu rougeâtres des tontons, des papas et des copains, malheureusement, parce que le temps passe trop vite, aujourd'hui disparus ou perdus. On parlait à table, entre deux verres de rouquin, de « Platoche », de ses pénos fantastiques, de ses tirs gagnants à 25 mètres, en le comparant à Marius Trésor ou à Kopa pour les tontons, et à d'autres encore pour les cousins et les frangins, bref à tous ces joueurs qui ont marqué leurs époques footballistiques, mais dont les noms sont tombés aujourd'hui dans l'oubli. Platini, ce sont des histoires de jeunesse, de poussins et de seniors, des rêves pour les grands comme pour les petits, des souvenirs d'engueulades parce que papa regarde encore le foot et que maman veut voir *Dallas*, et c'est surtout un des symboles d'une époque où la France se portait bien et où le sport, ben c'était avant tout du sport.

Des tribunes

En 76-77, c'est pendant cette saison que Michel Platini confirme son talent, sur un coup franc exceptionnel contre le Danemark, puis contre la Bulgarie pour les qualifications du Mondial, enfin contre la Suisse et surtout, surtout, contre la redoutable Italie. L'Italie, pour l'occasion, découvre un de ses enfants émigrés depuis trois générations, et si elle en a tremblé de le voir chez les Bleus, et compris qu'elle n'aurait jamais dû laisser son grand-père partir de la Botte dans les années 20, elle a ensuite vibré pour lui avec la Juventus. Peut-être aussi fort que Naples vibrera avec Maradona. C'est lui qui nous qualifiera pour le Mondial en Argentine de 1978 en marquant le but décisif contre l'Ir-lande. Je tiens d'ailleurs d'un de mes amis, patron de pub en Bretagne, à Lorient, ville des « Merlus », qu'ils ne s'en sont jamais remis là-bas !
Michel nous qualifiera aussi sur une action décisive, pour le Mondial qui se jouera en Espagne en 82.

> *« Platini, c'était une sorte de sauveur. Le football français partait de bas à cette époque,*
> *et, sous l'impulsion de quelques joueurs de légende et notamment de "Mimi",*
> *il a gravi les échelons jusqu'à s'honorer de deux étoiles. »*

C'est ce que l'on peut entendre des témoignages et des réflexions des fins observateurs de l'époque. Il faut le reconnaître, Platini était souvent perçu comme la lumière au bout du tunnel par le spectateur. Quoi qu'il arrive, Pla-tini allait marquer, c'était une loi naturelle, aussi certaine que celle de Newton sur la gravité et aussi célèbre que l'accordéon de Giscard. Rassurant, tech-nique, précis, artilleur de nature et plein de sang-froid, le milieu de terrain était l'homme des situations désespérées et son palmarès évoluait à une telle vitesse qu'il était à l'origine de nombre d'engueulades dans les bistrots et jusque dans les tribunes. À savoir, ce qu'il avait ou ce qu'il n'avait pas fait. Dans les cours d'école, on s'échangeait des images Panini pour compléter nos albums, j'étais fier, j'avais enfin fini Auxerre et Saint-Étienne et puis surtout l'équipe de France.

Si Platini jouait, rien n'était perdu. C'est ce que le supporter se disait et aussi ce que disaient Jean-Michel Larqué et Thierry Rolland, ce dernier, tonitruant, avec son inimitable « *Vas-y Michel, ouiiiiii !*» presque orgasmique. Il n'y aura guère, et dans tout autre domaine, mais à la même époque, que le prodigieux Alain Prost pour jouir d'une telle aura et pour véhiculer de tels sentiments dans le public. L'Euro de 1984 assoira la légende de Platini pour une éternité footballistique, avec un but marqué à l'ultime et 119ᵉ minute, sur une passe de Tigana.

Comme disait mon Pépé : « *Ce n'est pas compliqué, chez nous ou chez les ritals, c'est kif-kif bourricot, y marque toujours l'animal !*»

Être supporter de l'équipe de France dans ces années-là, c'était quelque chose que les moins de 20 ans ne peuvent pas vraiment connaître, n'est-ce pas ?

D'accord, j'exagère, il y a eu 98, et la mythologie du foot français fut. On en reparlera un peu plus loin dans le livre, si vous voulez bien.

En attendant, le Mondial de 86 au Mexique, 12 ans plus tôt, verra les dernières grandes rencontres entre la légende du football français et ses fans inconditionnels. Et quel Mondial !

Bonus
Jean Tigana

Faisons, si vous le voulez bien, une petite parenthèse sur ce joueur exceptionnel, puisqu'il intervient dans le portrait de Michel Platini, notamment par une action remarquable citée précédemment. Jean Amadou Tigana, né en 1955 à Bamako (ville des mariages, c'est bien connu, et là on peut dire que l'union fut heureuse !), au Mali donc, ceci pour ceux que la géographie effraye, milieu défensif légendaire lui aussi. Pour rappel autant que pour hommage, chers lecteurs, voici son palmarès.

Palmarès de Jean Tigana en club

* Champion de France en 1984, en 1985, en 1987 avec les Girondins de Bordeaux, en 1990 et en 1991 avec l'Olympique de Marseille.
* Vainqueur de la Coupe de France en 1986 et en 1987 avec les Girondins de Bordeaux.
* Vainqueur du Challenge des Champions en 1986 avec les Girondins de Bordeaux.
* Finaliste de la Coupe d'Europe des Clubs Champions en 1991 avec l'Olympique de Marseille.
* Finaliste de la Coupe de France en 1991.
* Vice-champion de France en 1983 et en 1988 avec les Girondins de Bordeaux.
* Finaliste du Challenge des Champions en 1985 avec les Girondins de Bordeaux.

En équipe de France :
* 52 sélections entre 1980 et 1988.
* Champion d'Europe des Nations en 1984.
* Participation à la Coupe du monde en 1982 (4e) et en 1986 (3e).
* Participation au Championnat d'Europe des Nations en 1984 (Vainqueur).

Distinctions individuelles

* Élu 2e au Ballon d'Or en 1984.
* Élu joueur français de l'année en 1984 par France Football.
* Élu révélation française de l'année en 1980 par France Football.
* Élu Onze d'Argent en 1984.
* Élu Onze de Bronze en 1987.
* Nommé dans l'équipe type du Championnat d'Europe des Nations en 1984.
* Élu 25e du Top 100 des meilleurs joueurs de l'histoire de l'Euro selon le journal *L'Équipe* en 2016.

Palmarès de l'entraîneur

* Champion de France en 1997 avec l'AS Monaco.
* Vainqueur de la Coupe de Turquie en 2006 et en 2007 avec le Besiktas Istanbul.
* Champion d'Angleterre de First Division en 2001 avec Fulham FC.
* Vainqueur du Trophée des Champions en 1997 avec l'AS Monaco.
* Vainqueur de la Supercoupe de Turquie en 2006 avec le Besiktas Istanbul.
* Vainqueur de la Coupe Intertoto en 2002 avec Fulham FC.
* Vice-champion de France en 1995 avec l'Olympique Lyonnais.
* Élu entraîneur français de l'année par *France Football* en 1997 avec l'AS Monaco.
* Élu meilleur entraîneur de l'année aux Trophées UNFP en 1997 avec l'AS Monaco.

Surface de réparation

Michel Platini est, à partir de janvier 2007, nommé comme président de l'Union des associations européennes de football (UEFA), succédant ainsi à Lennart Johansson.

Il sera réélu pour un deuxième mandat en 2011, et enfin pour un troisième mandat, inachevé pour cause judiciaire, en 2015.

Son programme sera résumé par son célèbre discours sur les vertus de solidarité et d'universalité du sport avec notamment 5 points majeurs :

✓ **Unité** : avec l'élaboration d'une Charte européenne de football définissant et permettant de conserver les valeurs du football ainsi que le rapprochement entre les associations nationales, l'UEFA et la FIFA.

✓ **Légitimité** : davantage de pouvoir au comité exécutif qui en sera renforcé comme instance décisionnaire et qui s'ouvrira aussi plus aux « petites nations du football », par trop mises à l'écart.

✓ **Solidarité** : avec la continuation des programmes passés destinés à aider les petites fédérations et avec une meilleure redistribution des recettes générées par les grandes compétitions organisées par l'UEFA.

✓ **Universalité** : le système de qualification au Championnat d'Europe des Nations est maintenu, mais un projet d'élargissement du nombre d'équipes participantes (passant de 16 à 24) est en cours d'étude. Dans le cadre de l'aide aux plus petites nations, Michel Platini propose aussi de limiter à 3 le nombre de clubs par nation directement qualifiés pour la Ligue des champions pour permettre à des nations rarement représentées d'y être.

✓ **Lutte** : contre « le racisme, la xénophobie, les transactions financières douteuses, les paris clandestins, les dérives de la profession d'agent et le dopage ».

Si, suite à ses succès là aussi, il est dans un premier temps candidat à la présidence de la FIFA, il sera pourtant suspendu de ses fonctions en octobre 2015 et, deux mois plus tard, la Commission d'éthique de la FIFA, qui le soupçonne d'avoir reçu un « paiement déloyal » de la part de Sepp Blatter, le prive de toute activité en relation avec le football durant huit ans.

La presse se déchaîne et le monde du football compte les coups.

À l'hiver 2016, la cour d'appel de la FIFA réduit la suspension à six ans. Puis à quatre. Il faudra attendre deux ans pour que Platini soit innocenté par la justice suisse dans l'affaire du paiement de ces fameux 1,8 million d'euros en valise. Julien Lepers aura moins de chance. Bernard Tapie encore moins.

Le saviez-vous ?

Nils Lennart Johansson, né le 5 novembre 1929 à Bromma (Suède) et mort le 4 juin 2019 à Moscou (Russie), est un dirigeant suédois du football, président de l'UEFA d'avril 1990 à janvier 2007.

Carton rouge

Les termes exacts du jugement du tribunal arbitral du sport sont : « *Les arbitres sont unanimement arrivés à la conclusion que Michel Platini avait obtenu un avantage indu, violant ainsi l'article 20 du Code d'éthique de la FIFA. La formation a également conclu que Michel Platini s'était rendu coupable d'un conflit d'intérêts, en violation de l'article 19 du code d'éthique de la FIFA.* »

Il est notable que ce soit la fin des années 1990 qui permettra d'associer football, fric et politique, bien plus que dans les années 70 et 80 où les « transactions et prises de positions bancales » étaient majoritairement régionales, voire nationales, mais rarement internationales. Les salaires des joueurs et les transferts du fameux Mercato enfonceront définitivement le clou, faisant passer le sport dans les médias, pourtant sujet principal, au second plan. Dis-moi pour qui tu joues et combien tu coûtes et je te dirai combien tu gagnes…

La peopolisation du foot, avec notamment le phénomène des femmes de footballeurs, les mannequins et les actrices et chanteuses du Hit-parade célèbres au box aux fesses, les délits fiscaux et les « arrangements » entre instances sportives, entraîneurs, présidents de clubs et politicards, saliront correctement la discipline aux yeux du public et obligeront toute nouvelle star du domaine à ne jamais se départir de ses crampons. *Fluctuat nec mergitur*, comme disait Denisot au PSG. L'OM de Tapie restera dans les annales judiciaires et sportives, malgré le palmarès impressionnant de ses joueurs et les capacités non négligeables de son président. En 2009, Michel Denisot dira, après avoir refusé de revenir à la direction du PSG, revendu entretemps par Canal+ : « *Je préfère conserver des souvenirs heureux plutôt que de leur adjoindre d'éventuelles déceptions.* »

Bonus
Michel Denisot

Michel Denisot, présentateur, journaliste, journaliste sportif, mais pas que : entre 1989 et 2008, il préside successivement deux clubs de football : La Berrichonne de Châteauroux dans l'Indre, département dont il est originaire, et le Paris Saint-Germain Football Club (PSG), alors propriété du groupe

Canal+. De 1989 à 1991, il est le président de La Berrichonne de Châteauroux ; le club monte en deuxième division et se professionnalise. En juin 1991, il devient président délégué du Paris Saint-Germain. Mais, en mai 1998, il est remplacé par Charles Biétry en dépit d'un palmarès respectable à la tête de cette équipe. Voici les titres de la présidence Denisot :
1994 : Champion de France D1.
1993, 1996 et 1997 : vice-champion de France.
1993, 1995 et 1998 : vainqueur de la Coupe de France.
1995 et 1998 : vainqueur de la Coupe de la Ligue.
1995 : vainqueur du Trophée des champions.
1996 : vainqueur de la Coupe des Coupes.
1997 : finaliste de la Coupe des Coupes.
1998 : finaliste de la Coupe Gambardella.

En mars 2021, il redevient président de Châteauroux pour la troisième fois après avoir été choisi par le groupe saoudien United World, propriétaire à hauteur de 80 % du club.

Platini : la bio, la suite

Aldo Platini, le père de Michel, est né en Lorraine. Il est lui-même le fils d'immigrés italiens originaires du Piémont, venus, comme beaucoup, s'installer en Lorraine après la Première Guerre mondiale, pour travailler dans les mines de fer ou dans l'industrie sidérurgique implantée dans la région. Platini père est un joueur de football amateur, passionné, mais qui préféra la carrière de professeur à celle de footballeur. Michel est cependant élevé dans un milieu où le sport est roi. Et influencé très certainement par son père, il fera rapidement ses premières armes dans la discipline. Il fera ses classes au petit club local de l'AS Jœuf, où il signe sa première licence en pupille en 1966. À seize ans, il joue pour l'équipe première de Jœuf en *Promotion d'Honneur* avec le numéro 9 dans le dos et est élu meilleur buteur de toute la France à ce niveau. C'est le point de départ : après une tentative ratée à Metz, il rejoint l'AS Nancy-Lorraine et son équipe réserve en septembre 1972.

AS Nancy-Lorraine (1972-1979)

L'espoir lorrain devient stagiaire à l'ASNL. Avant même de commencer à jouer avec l'équipe réserve en Division 3, à l'automne 1972, Michel est le douzième homme de l'équipe professionnelle face à l'US Valenciennes-Anzin. Dès ses débuts sous les couleurs de l'AS Nancy-Lorraine, il marque trois buts face à l'ASCA Wittelsheim en D3 avec la réserve. À la fin de la saison, Platini est aligné face au Nîmes Olympique. Il joue ensuite contre Sedan, puis contre Lyon où il inscrit ses deux premiers buts.

Au début de la saison 1973-1974, Platini est reclassé amateur. Il rejoue donc en Division 3 jusqu'au 14 novembre 1973, date à laquelle il rejoint l'équipe professionnelle pour jouer chez l'OGC Nice. Il est ensuite titulaire à part entière du onze Lorrains qui descend en deuxième division en juin 1974.

Lors de la saison 1974-1975 de D2, l'AS Nancy retrouve rapidement l'élite. Dans l'antichambre du football français, Platini s'aguerrit, et marque dix-sept buts en championnat, certains d'entre eux étant inscrits sur coup franc, dont il se fait une spécialité dès cette période. Nancy affronte dans la foulée l'Olympique de Marseille au parc des Princes en demi-finale de la Coupe de France. Michel Platini signe de la tête l'unique but lorrain, mais il est contraint de quitter le terrain sur blessure.

À l'occasion de la publication du classement du Ballon d'Or fin décembre 1977, le jeune Michel Platini est au troisième rang.

Avant de disputer la Coupe du monde en Argentine, Platini s'offre la Coupe de France 1978 avec son club. Il signe l'unique but de la finale contre l'OGC Nice. Il reçoit, en tant que capitaine de l'ASNL, son premier trophée majeur des mains du président de la République, Valéry Giscard d'Estaing, venu sans Anémone et sans son accordéon pour l'occasion.

Le saviez-vous ?

Au SMIG. Loin des chiffres actuels, durant la saison 1977-1978, le salaire de Michel Platini est de 6 400 francs. Soit environ 980 euros !

En équipe de France (1973-1987)

Mais c'est l'équipe de France qui occupe les pensées de notre jeune footballeur, car qui dit équipe de France dit « Mondial », et en 1978, c'est l'Argentine !
Le match décisif a lieu le 16 novembre 1977 au Parc des Princes face à la Bulgarie, et les « Bleus » s'imposent 3-1. Ils disputeront la finale de la Coupe du monde 1978 après plus de douze ans d'absence.
Repéré dans les hautes sphères footballistiques, après ses premières armes en Coupe Gambardella, en septembre 1973, il fait ses débuts sous la tenue de l'équipe de France amateur. Au cours de la saison 1974-1975, Platini et son équipe vont gagner contre l'équipe nationale d'Allemagne pour la première fois depuis cinquante ans.

Mais fatalement, et comme pour toute cette génération, les obligations militaires arrivent à l'été 1975. Comme tous les sportifs français de haut niveau, il est alors affecté au bataillon de Joinville. Il défendra « les couleurs des équipes de France militaire, espoir et olympique ». Avec l'équipe olympique, en décembre 1975, lors du match aller qui se joue à Blois, ils remportent la partie contre l'équipe A de Roumanie par quatre buts à zéro. Au match retour, malgré une défaite 1-0 à Bucarest, la France se qualifie pour les JO de Montréal auxquels participe Platini.

Lors des matchs de préparation pour la Coupe du monde, Platini surprend tout le monde en bluffant à deux reprises le légendaire gardien de but Dino Zoff, sur coup franc direct, spécialité bien connue du footballeur. Ce match fera de lui une star en Italie et lancera définitivement sa carrière.

Bonus
Dino Zoff

Dino Zoff est considéré comme l'un des plus grands gardiens de but de l'histoire du football, l'un des plus grands joueurs italiens, ainsi qu'un des plus grands noms du sport italien. Champion d'Europe en 1968, puis vice-champion du monde en 1970 avec l'équipe d'Italie, il remporte aussi la Coupe du monde en 1982 en tant que capitaine. Âgé alors de 40 ans, il est le plus vieux joueur recensé parmi les vainqueurs d'une Coupe du monde.

D'une coupe à l'autre

Platini multiplie les exploits en battant par exemple l'incroyable Diego Maradona, alors champion du monde, sur son propre terrain. Durant le Mondial, et malgré les critiques de la presse française, aussi dure avec lui que la compétition l'est en réel pour l'équipe de France, il s'affirme comme capitaine au point de devenir indispensable aux « Bleus ». Le N°10 est entré dans la légende. Les exemples de son talent et de son âpreté ne manquent pas ; prenons, au hasard, ce coup franc, en 1981, et ce but marqué contre les Pays-Bas qui qualifie la France pour le Mondial 82. Les Bleus s'y hisseront jusqu'en demi-finale, jouant leur dernier match contre la RFA, pour une rencontre perdue à l'issue de l'épreuve des tirs au but. Match le plus fort de sa carrière, selon les dires du N°10. En 1984, le pays remporte le Championnat d'Europe des Nations organisé en France, et Platoche marque 9 buts en seulement cinq rencontres. Belgique et Danemark pleurent encore, aux stades et dans les chaumières. Il amènera le titre lors la finale contre l'Espagne grâce à un coup franc et offrira ainsi à la France son premier grand titre.

En 1986, lors du Mondial du Mexique, où Diego Maradona offrira la victoire à son pays, Platini est affaibli par une pubalgie (sa carrière est émaillée d'interventions et de soins chirurgicaux depuis ses débuts), et il n'est pas en mesure de justifier sa réputation de meilleur joueur du monde. C'est là la fin des années Platini, même si ses actions seront décisives contre l'Italie en huitième de finale (ouverture du score) et contre le Brésil en quart de finale (égalisation). Après une nouvelle élimination en demi-finale contre la RFA, la France devra se contenter de la troisième place au classement.

En équipe de France, Platini comptera 72 sélections et portera le brassard de capitaine à 50 reprises de 1979 à 1987. Il possède jusqu'en 2007 le record du nombre de buts marqués en équipe de France avec 41 buts entre 1976 et 1987, battu seulement depuis 2007 par Thierry Henry avec 51 buts à son actif, puis par Olivier Giroud, en 2020, et enfin par Antoine Griezmann, en 2021. Il termine avec les Bleus quatrième de la Coupe du monde 1982, puis remporte le Championnat d'Europe des Nations en 1984, reconnu comme le meilleur buteur de la compétition avec neuf buts inscrits. Vainqueur de la Coupe intercontinentale des Nations en 1985, il termine ensuite troisième de la Coupe du monde 1986.

Le saviez-vous ?

Allumer le feu. Platini est le dernier porteur de la flamme olympique aux Jeux olympiques d'hiver d'Albertville en 1992.

La flamme olympique a brûlé pour la première fois le 28 juillet 1928 lors des Jeux olympiques d'été, à Amsterdam. Il n'y avait pas encore de relais pour porter la torche. Sur une idée attribuée à Carl Diem et retenue par Adolf Hitler, le premier relais avec la torche a eu lieu lors des Jeux olympiques d'été de 1936 à Berlin, dans le but de glorifier le IIIe Reich. Depuis, le relais et l'allumage de la flamme ont eu lieu à chaque olympiade. La flamme des Jeux olympiques d'hiver a été allumée pour la première fois pour les Jeux olympiques d'hiver de 1952 à Oslo.

Les « Verts » (1979-1982)

Les trois années que passe Michel Platini à l'AS Saint-Étienne se soldent par un bilan mitigé qui fera les choux gras de la presse comme de ses détracteurs. En compulsant différents documents de l'époque (presse sportive, journaux nationaux et régionaux), je retiens ceci, d'ailleurs présent dans la biographie Wikipédia du joueur : « *En recrutant Platini, l'objectif du club est de remporter une Coupe d'Europe. Mais, malgré quelques coups d'éclat en Coupe de l'UEFA, notamment contre le PSV Eindhoven, laminé 6-0 à Geoffroy-Guichard en 1/16e de finale de la Coupe UEFA 1979-1980, et contre le Hambourg SV écrasé 5-0 en Allemagne (avec deux buts de Platini) en 1/8ᵉ de finale de la Coupe UEFA 1980-1981, les "Verts" se font sèchement battre lors des quarts de finale de ces deux éditions. En Coupe des clubs champions européens, ils ne dépassent pas le tour préliminaire lors de l'édition 1981-1982 ».*

Le jeune prodige du foot français, pourtant au pic de sa forme physique à cette époque si l'on compare avec la dernière Coupe du monde qu'il disputera au Mexique, n'aura pas donné exactement ce qu'attendaient les dirigeants de son club. Politique, médiatique, Saint-Étienne défraiera pourtant la chronique à plusieurs reprises dans cette décennie. Mais comme on disait à l'époque au PMU en bas de chez moi : « *Allez les Verts ! On s'en sert un autre.* »

Les retombées footballistiques de l'époque Saint-Étienne seront tout autant sociales et donneront à nombre d'auteurs et de cinéastes certaines inspirations, je pense notamment au film *Coup de tête* avec le regretté Patrick Dewaere sur une mise en scène de Jean-Jacques Annaud, sur le scénario de Francis Veber, sorti en 1979. Mais continuons la lecture, par citation, et clôturons là le chapitre des « Verts » :

« *Sur un plan national, l'AS Saint-Étienne demeure lors du passage du joueur l'un des piliers du championnat. Après une troisième place en 1980, Platini remporte son seul titre de champion de France en 1981, le dixième du club stéphanois (un record encore en 2021). Il marque notamment deux fois lors de la 38ᵉ journée face aux Girondins de Bordeaux (2-1). L'année suivante, à sa dernière exhibition sportive sous le maillot vert, il termine deuxième. Platini inscrit respectivement 16, 20 et 22 buts lors de ses trois saisons stéphanoises en championnat et termine même 3ᵉ meilleur buteur en 1982, malgré deux échecs en finale de la Coupe de France.* » (Face au Sporting Club de Bastia, défaite 2-1 en 1981, puis contre le PSG 2-2, puis 6 tirs au but à 5).

Platini aura joué 146 matchs avec le club stéphanois pour un total de 82 buts marqués.

> **Le saviez-vous ?**
>
> *Ma valise en carton (rouge).* Platini aurait perçu illégalement, comme d'autres joueurs de l'AS Saint-Étienne, la somme en liquide de 880 000 francs (134 500 euros, ce qui prête à sourire aujourd'hui…)
> Transféré à la Juventus durant l'été 1982, Platini sera rattrapé par la justice. Il sera condamné à une peine de prison avec sursis, qui sera par la suite amnistiée.

Bonus
Allez les Verts !

L'Association sportive de Saint-Étienne, AS Saint-Étienne ou ASSE, fut fondé en 1919 à Saint-Étienne. Le club, fondé sous le nom d'« Amicale des employés de la Société des magasins Casino » devient simplement l'Amicale Sporting Club en 1920, puis l'Association sportive stéphanoise en 1927. Le club prend son nom actuel en 1933 à la suite de son passage en pro. L'AS, c'est 10 titres de champion de France (co-recordman avec le Paris Saint-Germain), 6 Coupes de France, 5 Trophées des champions et une Coupe de la Ligue, et c'est l'un des clubs les plus titrés du football français.

L'AS Saint-Étienne atteint son apogée entre les années 1960-70 lorsqu'il remporte 8 titres de champion de France en 13 saisons. En 1976, les « Verts » entraînés par Robert Herbin, provoquent une ferveur nationale en atteignant la finale de la Coupe d'Europe des clubs champions lors de laquelle ils seront battus de peu par le Bayern Munich (1-0) à Hampden Park (Glasgow, Écosse).

La couleur verte de la chaîne d'épiceries Casino, à l'origine de la création du club, est adoptée dès la fondation du club. La tenue domicile est composée d'un maillot vert, d'un short blanc et de chaussettes vertes. La tenue est maillot blanc, short vert et chaussettes blanches.

Quelques joueurs célèbres de L'AS Saint-Étienne

- ✴ France René Domingo (1949-1964)
- ✴ Robert Herbin (1957-1972, 1975)
- ✴ Loïc Perrin (2003-2020)
- ✴ Christian Lopez (1971-1982)
- ✴ Gérard Farison (1967-1980)
- ✴ Hervé Revelli (1966-1971, 1973-1978)
- ✴ Jean-Michel Larqué (1966-1977)
- ✴ Gérard Janvion (1972-1983)
- ✴ Jérémie Janot (1996-2012)
- ✴ Stéphane Ruffier (2011-2020)

La Juventus Turin (1982-1987)

Platini y fait ses débuts, en Coupe d'Italie. Mais inscrit au sein d'une équipe comptant six champions du monde (l'Italie vient de s'imposer au Mondial 1982), Platini connaît un début de saison délicat, tant à cause des choix tactiques de l'entraîneur qu'en raison d'un problème de santé, et ceci jusqu'en janvier 1983. Pris à rebrousse-poil par la presse spécialisée italienne déçue de ses performances, mais encensé par Giovanni Agnelli, président historique et actionnaire de la Juventus de Turin, Platini s'accroche pourtant, après quelques hésitations sur ses choix.

Bonus
Giovanni Agnelli

Giovanni Agnelli, né le 12 mars 1921 à Turin et mort le 24 janvier 2003 dans la même ville, est un industriel et un homme d'affaires italien extrêmement influent et copropriétaire et dirigeant du groupe Fiat. Il fut considéré de son temps par nombre de ses contemporains comme le véritable « roi d'Italie ». Il entretenait des relations suivies avec des banquiers et des hommes politiques au niveau international. En 2002, il légua à la ville de Turin un immense patrimoine de tableaux, mettant son extraordinaire pinacothèque à la disposition de ses concitoyens.

Suite de la saga Platini

Grâce aux plus hauts soutiens, Platini obtient une évolution tactique du jeu de l'équipe, au grand dam de l'entraîneur Giovanni Trapattoni, mais cette évolution se révèle payante, puisque la Juv remporte la Coupe d'Italie 1983 contre le Hellas Vérone (0-2 ; 3-0, avec deux buts de Platini en match retour).

En Coupe d'Europe des clubs champions, la Juventus Turin vole aussi de succès en succès, mais est battue en finale par le Hambourg SV 1-0. Platini aura fortement contribué à cette épopée. *« Il marque un but à l'aller et au retour contre le Hvidovre Copenhague et un autre en demi-finale contre les Polonais du Widzew Łódź. Mais c'est en quart de finale retour contre Aston Villa que Platini a réalisé son match le plus abouti. La Juventus Turin gagne en effet 3-1 avec deux buts de Platini. »*

La presse italienne lui décerne la note rarissime de 9/10. Le journal *Tuttosport* écrit même : « *Platini a joué ce soir comme un extraterrestre, et nous n'exagérons pas !* »

Comme vous le savez, chers lecteurs, ou comme vous le devinez, la suite de la carrière de Platini à la Juventus Turin sera une succession de victoires et de trophées.

* Championnat d'Italie en 1984 et 1986.
* Coupe d'Europe des vainqueurs de coupe en 1984 face au FC Porto.
* Supercoupe de l'UEFA en 1984.
* Coupe d'Europe des clubs champions et Coupe intercontinentale en 1985.
* Platini trois fois consécutivement nommé meilleur buteur du championnat d'Italie.

On peut lire dans les retranscriptions des commentaires de matchs pour le dernier cité ci-dessus :

« *À l'entrée de la surface de réparation, il contrôle le ballon, lobe un défenseur, puis enchaîne une reprise de volée qui vient se loger dans la lucarne axiale du gardien.* »

Mais, pour les fins connaisseurs, les histoires entre Platini et les arbitres sont légion, et ce but incroyable sera refusé, comme d'autres. Ce qui n'empêchera pas le Lorrain de devenir la star incontestée de la Juventus de Turin et les Italiens l'appelleront « Le Roi Michel ». C'est d'ailleurs aussi charmant que Guillaume ou Emmanuel, quand on y pense…

La finale européenne de 1985, disputée au Heysel contre Liverpool FC

C'est, d'après ses déclarations encore récentes, le plus pénible souvenir de sa carrière. Auteur du seul but de la rencontre, Michel Platini se retrouve au centre d'une polémique médiatique dans les jours qui suivent le drame. En 1987, il écrit :

« Avec son cortège d'innocentes victimes, avec le visage bleu de ces martyrs, enfants ou adultes, femmes ou hommes, le Heysel doit rester gravé dans toutes les mémoires comme un symbole. À Bruxelles, dans ce maudit stade du Heysel, la mort est inscrite à jamais. […] Le match a eu lieu, dur, mais régulier, loyal. Quelque chose comme le football tentant de se redonner une dignité. »

Malus
Le drame du Heysel

Survenu le 29 mai 1985 au Stade du Heysel de Bruxelles, c'est l'une des tragédies les plus marquantes du football. Il eut lieu à l'occasion de la finale de la Coupe d'Europe des clubs champions 1984-1985 entre Liverpool et la Juventus, lorsque des grilles de séparation et un muret s'effondrèrent sous la pression et le poids de supporters, faisant 39 morts et plus de 400 blessés. Mais, dans ce drame, et pour beaucoup, nous avons encore en tête les images de la fameuse une de *Match*, mais ce qu'il faut retenir, c'est la responsabilité des hooligans anglais. D'ailleurs, les problèmes continueront de nos jours.

Les deux équipes en présence étaient au sommet à cette date, le Liverpool FC est la meilleure équipe de football en Europe. Le club vient à nouveau d'atteindre une finale et cherche à défendre son titre acquis l'année précédente contre l'AS Rome. De son côté, la Juventus a été le vainqueur de la Coupe des coupes 1984. Elle comprend dans ses rangs la majeure partie de la *Squadra azzurra* championne du monde en 1982 et le double Ballon d'Or (1983 et 1984) et champion d'Europe, le Français Michel Platini. Et plus tôt dans l'année, en janvier, Liverpool s'est incliné 2-0 à Turin en finale de la Supercoupe d'Europe contre la Juventus. En plus du match de Liverpool contre l'AS Rome qui avait entraîné aussi de violents heurts entre supporters au sortir du match et avait fait en Italie la une de la presse, scandalisée par les actes et attitudes des hooligans anglais.

Le 29 mai 1985, plus de 60 000 personnes assistent à la finale dans l'enceinte du Stade du Heysel. Les conditions de sécurité et de confort sont mauvaises, et en raison de nombreuses failles dans le système de contrôle, plusieurs milliers de fans sans billets ont pénétré l'enceinte, surchargeant et saturant l'espace. Les supporters de Liverpool sont massés dans les blocs X et Y, tandis que le bloc Z voisin comporte de nombreux supporters tifosi italiens. Les deux blocs sont séparés par un no man's land d'une quinzaine de mètres.

Vers 19 h, plus d'une heure avant le début de la rencontre, la tension entre les supporters des deux clubs monte. Des fans de Liverpool chargent en direction des gradins du bloc Z, où se trouvent de nombreux tifosi italiens. Une centaine d'Anglais envahissent la tribune italienne, causant une bousculade. En bas des gradins, des portes donnant accès à la pelouse sont fermées. Les forces de police présentes sur la pelouse repoussent même des spectateurs qui tentent de fuir par la pelouse. Le piège est en place. Les grilles de séparation et un muret s'effondrent. Des dizaines de personnes sont piétinées et le bilan est lourd : 39 morts au total dont 32 Italiens, 4 Belges, 2 Français et 1 Nord-Irlandais.

Platini, sélectionneur de l'équipe de France (1988-1992)

À peine plus d'un an après sa retraite, Platini est nommé sélectionneur de l'équipe de France de football à la fin de l'année 1988. Il succède à Henri Michel, qui se montrera peu performant avec les Bleus dans les éliminatoires de la Coupe du monde 1990. Mais Platini ne fera pas de miracle non plus : la France sera absente du Mondial italien.

Les échéances suivantes sont les éliminatoires de l'Euro 92, organisées en Suède. Les Bleus se sortent glorieusement de leur groupe de qualification en remportant les 8 matchs, sont confortés d'une série record de 19 matchs sans défaite et deviennent les favoris de la compétition.
Mais une série de matchs amicaux préparatoires ratés dans les grandes largeurs et l'échec à l'Euro (élimination au premier tour) le poussent à démissionner à l'été 1992 après avoir dirigé les Bleus 29 fois.

Son bilan à la tête de l'équipe de France est de 16 victoires, 8 matchs nuls et 5 défaites.

Bilan mitigé, mais encore une fois, au niveau international, le football français en était à cette époque à ses balbutiements.

Le palmarès personnel de Michel Platini

- Ballon d'Or : 1983, 1984 et 1985.
- Champion des champions français par *L'Équipe* en 1977 et 1984.
- Onze d'or : 1983, 1984 et 1985.
- Onze d'argent en 1977.
- Joueur de l'année World Soccer Awards : 1984 et 1985.
- Joueur français de l'année par *France Football* : 1976 et 1977.
- Meilleur buteur du championnat d'Italie : 1983 (16 buts), 1984 (20 buts) et 1985 (18 buts).
- Meilleur buteur de la Coupe des clubs champions européens : 1985 (7 buts).
- Meilleur joueur du championnat d'Italie Guerin : 1984.
- Meilleur joueur du Championnat d'Europe : 1984.
- Meilleur joueur de la Coupe intercontinentale : 1985.
- Meilleur joueur (Coppa Super Clubs) : 1983.
- Chevron Awards : 1983 et 1985 (ratio buts/match).
- Nommé à la FIFA 100 (liste des meilleurs joueurs vivants de tous les temps) en 2004.
- Membre de l'Équipe mondiale du XXe siècle FIFA en 1998.
- Membre de l'équipe type du Championnat d'Europe 1984.
- Membre de l'équipe de France au plus fort pourcentage de victoires (1984, 100 %).
- Plus grand nombre de buts dans une seule phase finale du championnat d'Europe.
- Plus grand nombre de buts dans un seul match de phase finale du championnat d'Europe.
- Joueur du siècle de la Juventus FC.
- Joueur français du siècle, *L'Équipe* 2000.
- 4e meilleur buteur français de l'histoire toutes compétitions confondues (354 buts).

* 6ᵉ footballeur du siècle Football Family FIFA 2000.
* 7ᵉ footballeur du siècle International Federation of Football History & Statistics.
* 8ᵉ footballeur du siècle, Placar 2001.
* Élu footballeur français du siècle par *France Football* en 1999.
* Élu meilleur joueur de toute l'histoire des Bleus par *France Football* en 2004.
* Nommé dans la Dream Team FIFA en 2002.
* Élu dans le XI de légende de tous les temps de l'équipe de France selon les internautes de *L'Équipe* en 2020.
* 2ᵉ du Top 50 des meilleurs joueurs de l'histoire de l'équipe de France en 2020.
* Entraîneur mondial de l'année World Soccer Awards : 1991.
* Entraîneur européen de l'année El Pais : 1991.
* Trophée de Légende du sport : 2019.
* Prix spécial Globe Soccer Awards en 2012.
* Promu Gloire du sport en 1999.
* Trophée d'argent du Centenaire de la League anglaise (meilleur joueur).
* Médaillé de l'Académie des sports : 1976.
* Prix Guy Wildenstein de l'Académie des sports : 1977.
* Prix Henri Deutsch de la Meurthe de l'Académie des sports : 1984.

Bonus
Diego Maradona

Diego Maradona est né le 30 octobre 1960 à Lanús (province de Buenos Aires, Argentine) et nous a quittés le 25 novembre 2020 à Tigre, près de Buenos Aires. C'était un footballeur international argentin devenu entraîneur par la suite, comme bon nombre de légendes du foot.

Durant sa carrière de joueur, entre 1976 et 1997, il évolue au poste de milieu offensif sous le maillot N°10. Joueur prodige des années 1980, artisan de la victoire de l'équipe d'Argentine à la Coupe du monde 1986 au Mexique, star éternelle du Napoli, il est aussi l'une des personnalités les plus controversées du sport et de la société d'Argentine à cause de ses relations mafieuses et de ses nombreux dérapages et addictions. Il sera contrôlé deux fois positif en

1991 en Italie et en 1994 lors du Mondial américain. Il fait partie de la FIFA 100, cette liste des plus grands footballeurs vivants en 2004, publiée pour le centenaire de la Fédération internationale de football association (FIFA), cosignée par le roi Pelé, considéré lui-même comme le meilleur joueur de football du XXe siècle.

Entraîneur et sélectionneur

Il est nommé sélectionneur de l'équipe nationale argentine en 2008. À l'issue de la Coupe du monde de football de 2010 au cours de laquelle l'Argentine s'incline avec perte et fracas face à l'Allemagne en quart de finale (0-4), il sera limogé. Sa santé décline à partir des années 2000, il meurt d'un arrêt cardiaque, juste après son soixantième anniversaire.

La légende Maradona

Maradona fut l'un des meilleurs techniciens du football. Dribbleur hors pair, capable de se jouer des meilleurs défenseurs de son époque, il avait un toucher de balle particulièrement fin. Sa petite taille (1,65 m) lui permettait de se rendre quasiment insaisissable à l'adversaire. Buteur génial, capable de marquer les buts les plus improbables, il était aussi un remarquable passeur qui pouvait à l'occasion devenir un stratège. *(Source Le Point.)*

Palmarès en équipe d'Argentine

* Vainqueur de la Coupe du monde juniors en 1979.
* Vainqueur de la Coupe du monde en 1986.
* Troisième de la Copa América en 1989.
* Finaliste de la Coupe du monde en 1990.
* Vainqueur de la Coupe intercontinentale des Nations en 1993.

Distinctions individuelles et records

* Élu meilleur joueur de la Coupe du monde en 1986.
* Élu joueur de l'année World Soccer Awards en 1986.
* Élu Onze d'Or en 1986 et en 1987 par le magazine *Onze*.
* Élu Onze de Bronze en 1985 et en 1988 par le magazine *Onze*.

- Élu meilleur joueur argentin (par l'Association des journalistes) en 1979, en 1980, en 1981 et en 1986.
- Élu meilleur joueur sud-américain en 1979, en 1980, en 1986, en 1989, en 1990 et en 1992.
- Élu meilleur sportif argentin (Olimpia de Oro Award) en 1979 et en 1986.
- Élu 2e joueur sud-américain de l'année par El Pais en 1981 et en 1995.
- Reçoit un Ballon d'Or *France Football* pour l'ensemble de sa carrière en 1995.
- Meilleur passeur de la Coupe du monde en 1986 (6 passes décisives).
- Élu meilleur joueur de série A en 1985 par Guerin Sportivo.
- Élu sportif mondial de l'année par *L'Équipe* en 1986.
- Nommé à la FIFA 100 en 2004
- Nommé dans la Dream Team FIFA en 2002.
- 1 sélection en équipe des Amériques en 1986 face à l'équipe FIFA.
- Élu 5e meilleur joueur mondial du siècle par l'IFFHS.
- 5e meilleur buteur de l'histoire de l'équipe d'Argentine avec 34 buts.
- Meilleur buteur de série A en 1988 (15 buts) avec le SSC Naples.
- Membre de l'équipe de l'année World Soccer Awards avec l'équipe d'Argentine en 1986.
- 2e des 100 plus grands joueurs du XXe siècle World Soccer Awards, publié en décembre 1999.
- Élu joueur légende par Golden Foot en 2003.
- Reçoit la note de 10/10 par la Gazzetta dello Sport pour sa performance contre le VfB Stuttgart lors de la finale de la Coupe UEFA 1988-1989.
- Son but marqué lors du quart de finale de la Coupe du monde 1986 au Mexique contre l'Angleterre, le 22 juin 1986 au Stade Azteca à Mexico est désigné But du siècle par un sondage sur le site web de la FIFA, pendant la Coupe du monde.
- Membre du Temple de la renommée du football argentin en 2007.
- Membre du Temple de la renommée du football italien en 2014.
- Élu 2e joueur sud-américain de l'histoire par *L'Équipe* en 2015.
- Membre du Ballon d'Or Dream Team en 2020.
- Meilleur buteur étranger de l'histoire de la coupe d'Italie avec 29 buts.

En club

* Argentinos Juniors
* Copa San Martin de Torres : 1980
* Boca Juniors
* Championnat d'Argentine : 1981
* FC Barcelone
* Coupe du Roi : 1983
* Coupe de la Ligue d'Espagne : 1983
* SSC Naples
* Championnat d'Italie : 1986-1987 et 1989-1990
* Coupe d'Italie : 1987
* Supercoupe d'Italie : 1990.
* Coupe UEFA : 1989

Bonus
La coupe Gambardella

Anciennement Coupe nationale des juniors, la compétition est rebaptisée ainsi en l'honneur d'Emmanuel Gambardella, ancien président de la Fédération française de football de 1949 à 1953. La première Coupe Gambardella est organisée durant la saison 1954-1955. Depuis l'édition 1997-1998, la finale se joue au Stade de France. Jusqu'en 1996, seuls les joueurs fêtant leurs 20 ans après le 1er août de l'année de la finale étaient admis à participer. La limite passe au 1er janvier à partir de l'édition 1996-1997. De 1996 à 2002, la compétition est réservée aux actuels U18 (à l'époque dénommée « -17 ans » puis « 17 ans ») ainsi qu'aux catégories d'âge inférieur. À partir de la saison 2002-2003, suivant les modifications des catégories d'âge dans les championnats nationaux, la compétition concerne l'actuelle catégorie U19 (nommée 18 ans jusqu'en 2010).

Déroulement de l'épreuve

Elle commence en septembre pour le 1er tour, en décembre pour le niveau fédéral et s'achève le même jour que la finale de la Coupe de France. En cas d'égalité à l'issue du temps réglementaire, il n'y a pas de prolongation et les équipes sont départagées aux tirs au but. Les demi-finales ont lieu sur terrain neutre alors que la finale se dispute au Stade de France, en ouverture de la finale de la Coupe de France.

La Coupe Gambardella se déroule tout au long de la saison et est constituée de 13 tours à double échelle : régionaux puis nationaux.

Tours départementaux et régionaux

1er tour : entrée clubs de Districts
2e tour
3e tour : entrée clubs U18 régional
4e tour
5e tour
6e tour : finale régionale

Phase finale

64e de finale (1er tour fédéral) : entrée clubs U19 national
32e de finale
16e de finale
8e de finale
1/4 de finale
1/2 finale
Finale

Mais, le monde du foot, ce n'est pas que de la science, de la technique et des histoires d'hommes. C'est aussi de la poésie. Voici donc un petit cadeau bonus, sans la lessive, et c'est le cas de l'écrire, avec un personnage incontournable de ces années foot, j'ai nommé :

Bonus
Thierry Roland
« La voix du football »

— Il a été fauché comme un lapin en plein vol !
— Tout à fait Thierry !

Thierry Roland est né le 4 août 1937 à Boulogne-Billancourt et nous a quittés au terme d'une longue carrière journalistique en juin 2012, d'un AVC. Nous l'avons retrouvé sur Antenne 2, TF1, M6… et à chaque fois avec le même plaisir agacé, pour 13 Coupes du monde, 9 championnats d'Europe et 1 360 matchs de football. Ceci rien que pour le ballon rond, car à cela, il faut ajouter certaines compétitions d'athlétisme, de boxe et plusieurs Jeux olympiques depuis 1960.

Thierry Roland est le fils de Claude-Roland Lévy, dit Claude Roland, Français juif et résistant gaulliste, bijoutier à Paris, et de Liouba Protassieff, née à Saint-Pétersbourg. Dans sa jeunesse, il joue un peu au football, mais il est avant tout un fervent supporter du club parisien du Racing Club de France.

En 1955, à dix-huit ans, Thierry Roland est engagé à la radio. Il commence alors sa carrière au service des sports de la RTF, puis de l'ORTF. C'est Raymond Marcillac, pionnier du premier service des sports de télévision française, qui le fait passer devant les caméras. Il participera à l'émission *Les Coulisses de l'exploit* dédiée aux grands moments sportifs de l'époque.

En 1962, il commente sa première Coupe du monde de football au Chili. Il travaillera aussi sur France Inter entre 1969 et 1975, puis reviendra à la télévision à plein temps sur Antenne 2 entre 1975 et 1984. D'ailleurs, le célèbre duo qu'il formera avec Jean-Michel Larqué qui vient de mettre fin à sa carrière de footballeur commencera en 1979 sur la deuxième chaîne. Il alternera les émissions avec Bernard Père et Larqué jusqu'à ce que Larqué soit définitivement choisi par la direction de la chaîne. Le binôme Roland-Larqué va perdurer durant plus de 30 ans, tout d'abord sur Antenne 2, puis sur TF1. Les deux journalistes vont peu à peu gagner en célébrité au point de finir par incarner en France « *la voix du foot* » et d'avoir leurs marionnettes aux *Guignols de l'info*.

En plus des commentaires de matchs, sur « la une », on retrouvera les compères à partir de 1984 et jusqu'en 2003, soit pendant près de 20 ans à l'heure de la messe du dimanche matin, dans le magazine *Téléfoot* qu'ils coaniment dans la joie et la bonne humeur, avec toute la mauvaise foi d'un supporter passionné pour Thierry Roland et toute la discipline patiente d'un technicien et expert pour Jean-Michel Larqué. Ils sont présents comme commentateurs lors des drames du Heysel (finale de la Coupe des clubs champions européens 1984-1985) et de Furiani (demi-finale de la Coupe de France de football 1991-1992). En 1997, il remporte le 7 d'or du meilleur journaliste sportif. Cette année-là, il coprésente également l'émission *Intervilles*. Il est mis à l'écart par la direction de TF1 à la fin de l'année 2004 à cause de ses soucis de santé et il est remplacé par Thierry Gilardi, pour les commentaires des principaux matchs et la présentation de *Téléfoot*. Il commentera son dernier match sur TF1 le 4 juin 2005, lors de la finale de la Coupe de France Auxerre-Sedan.

Mais l'infatigable Thierry Roland n'a pas dit son dernier mot, et nous le retrouvons sur M6, en octobre 2005. Cette dernière, qui se lance dans la diffusion de grandes compétitions de football, était à la recherche d'un commentateur reconnu. Il va alors couvrir une partie des matchs de la Coupe du monde 2006 (mais pas ceux de l'équipe de France, dont TF1 détient l'exclusivité) en association avec l'ancien footballeur Frank Lebœuf, champion du monde 1998.

Il fera aussi de régulières apparitions dans l'émission *100 % Foot*. Il sera également consultant régulier pour l'émission *Direct sport* sur la chaîne Direct 8. Il commente les matchs de l'Euro 2008 sur M6, à nouveau avec Frank Lebœuf. La guerre des chaînes lui aura bien profité, comme il le confessera lui-même.

Thierry Roland est aussi l'un des sociétaires phares de l'émission *Les Grosses Têtes* sur RTL et TF1. Il fait également des apparitions dans quelques films, y jouant son propre rôle le plus souvent, dont le fameux *Delphine 1, Yvan 0 et Trois zéros*.

Et c'est l'image que beaucoup garderont de lui : Thierry Roland dans « son propre rôle » et plus de 40 ans de carrière, sur toutes les ondes, tous les écrans, dans la presse et dans tous les cœurs.

La conclusion

Les années Platini sont riches, et c'est une véritable évolution du football français qu'elles concluent, mais à mi-chemin, avec la génération suivante, nous avons choisi de vous brosser le portrait, écrit et dessiné d'un héros, que dis-je, d'un super-héros du football : le seul, l'unique, le vrai, l'inoubliable Éric Cantona

La saga Éric Cantona

*« Je ne joue pas contre une équipe en particulier.
Je joue pour me battre contre l'idée de perdre. »*

Éric Cantona, en foot et en bref

- ✳ Champion de France de Division 3 en 1984 et 1985.
- ✳ Vainqueur de la Coupe Gambardella en 1985.
- ✳ Vainqueur de la Coupe des Alpes en 1987.
- ✳ Champion d'Europe espoirs en 1988.
- ✳ Vainqueur du Tournoi de France en 1988.
- ✳ Champion de France en 1989 et 1991 avec l'Olympique de Marseille.
- ✳ Finaliste de la Coupe d'Europe des Clubs Champions en 1991.
- ✳ Finaliste de la Coupe de France en 1991 avec le Montpellier HSC.
- ✳ Vainqueur de la Coupe de France en 1990 avec Leeds United.
- ✳ Champion d'Angleterre en 1992.
- ✳ Vainqueur du Community Shield en 1992 avec Manchester United.
- ✳ Élu 3e au Ballon d'Or en 1993.
- ✳ Champion d'Angleterre en 1993, 1994, 1996 et 1997.
- ✳ Vainqueur de la Coupe d'Angleterre en 1994 et 1996.
- ✳ Meilleur passeur de Premier League en 1993 (16 passes) et en 1997 (12 passes).
- ✳ Finaliste de la Coupe de la Ligue en 1994.
- ✳ En équipe de France : 45 sélections et 20 buts entre 1987 et 1995.
- ✳ Élu Onze d'Or en 1996 par Onze Mondial.
- ✳ Élu joueur légende en 2012 par Golden Foot (seul joueur à avoir accompli deux doublés Coupe-Championnat en étant buteur à chaque finale de la Coupe d'Angleterre).
- ✳ Membre de l'Équipe de France alignant 30 matchs sans défaite entre février 1994 et octobre 1996 (record de l'époque pour la France, toujours valide au 1er août 2021).
- ✳ Meilleur buteur français de l'histoire du Derby de Manchester avec 8 buts.

Glory glory man…

Quel parcours !
Et quelle reconversion après le football !
Et quel caractère !

Aujourd'hui, pour la jeune génération, le palmarès footballistique de Cantona compte certainement, mais c'est surtout l'acteur, l'homme des médias et des coups de gueule qu'ils connaissent, et pour certains, le peintre, le photographe ou l'un des hommes du combat pour la fondation de l'Abbé Pierre.

Cantona, c'est un poème « avé » l'accent, circonflexe parfois, terrible de puissance sur le terrain comme devant la caméra quand il poursuit Jacques Villeret dans la rue en disant « Eh ! Père Noël ! », dans le remarquable film de Jean Becker, *Les enfants du marais*. Scène mythique qui a fait vibrer bien des demoiselles. Sélectionneurs et entraîneurs, présidents de club, publicitaires et cinéastes ne se sont pas trompés : Cantona est unique en son genre. Il aura toujours « le deuxième souffle ».
Il porte haut les couleurs sur le torse, que dis-je, sur le buffet, crâne rasé, regard de chasseur, attitude de gladiateur, col de maillot relevé, les accélérations sont vives et brutales, il joue avec ses tripes, le menton haut, toujours défiant, les feintes se multiplient, le jeu est rusé, buteur, passeur, à chaque fois décisif, c'est « un grand », le Cantona.
Que voulez-vous, j'aime le bonhomme, comme sportif et comme acteur, et d'ailleurs, les Anglais ne l'appellent-ils pas « The King Éric » ?

Ses célèbres colères médiatiques à la mode « Capitaine Haddock », ou encore le coup de pied sur un spectateur anglais, et autres billevesées virulentes du même acabit, lui rapportent de se faire éjecter de quelques clubs dont les dirigeants n'aiment pas son humour grinçant, et, plus grave pour le pays (à mon humble avis), il n'est pas sélectionné par Aimé Jacquet pour le Championnat d'Europe de football 1996 et prend sa retraite sportive un an avant la Coupe du monde 1998, remportée par l'équipe de France. Dommage…
Mais Zizou le vengera inconsciemment avec l'affaire du « coup de boule France-Italie de la 108ᵉ minute à Berlin » en 2006, lors de la Coupe du monde.

n'est pas bien, mais ce n'est pas très grave non plus. Ça m'interpelle néanmoins. Je reste quand même concentré. Mais ce sont des choses qui se bousculent. La pression, ceci, cela. Lui *[Materazzi]*, il ne me parle pas de ma mère. Il a souvent dit qu'il n'avait pas insulté ma mère. C'est vrai. Mais il a insulté ma sœur, qui était auprès de ma maman à ce moment-là. Sur un terrain, il y a déjà eu des insultes. Tout le monde se parle, parfois mal, tu ne fais rien. Là, ce jour, il s'est passé ce qu'il s'est passé. Il a déclenché quelque chose en parlant de ma sœur Lula. L'espace d'une seconde. Et c'est parti. Mais après, il faut accepter. »

Comme disait Cantona dans le clip du même nom : « Légionnaire ! Au combat, tu respectes tes adversaires ! »

Bonus
Thierry Gilardi

Thierry Gilardi était né le 26 juillet 1958 à Saint-Germain-en-Laye et nous a quittés le 25 mars 2008 au Port-Marly, des suites d'une crise cardiaque. C'était, comme vous le savez, un journaliste et commentateur sportif français. Sa carrière fut riche.

Diplômé de l'Institut d'études politiques de Paris, Thierry Gilardi commence sa carrière de journaliste en 1982 à France Inter, sous la direction d'Arlette Chabot. Il travaille ensuite, toujours à France Inter, avec Pierre Loctin et Jacques Vendroux dans l'émission en multiplex pour les rencontres footballistiques. Au départ spécialisé dans le rugby à XV, il a dû se spécialiser sur le ballon rond. Il dira :

« Le football, c'est mon métier ; le rugby, c'est ma passion. Quand j'ai commencé dans le métier, les journalistes sportifs étaient dirigés directement vers le foot, mais je prends plaisir à couvrir n'importe quel sport. »

Il arrive sur Canal+ en 1987 où il couvre les grands prix de Formule 1 avec Patrick Tambay. Il commente aussi les matchs de football, puis se voit confier la présentation des émissions *Jour de foot* de 1992 à 1995, *L'Équipe du dimanche* de 1995 à 2002, puis celle de la *Ligue des champions*, en compagnie de Michel Platini, de 2002 à 2005. Il fait également partie des équipes couvrant les Jeux olympiques d'été de Barcelone (1992), d'Atlanta (1996), de Sydney (2000) et d'Athènes (2004).

Il sera rédacteur en chef de la rubrique football de 1997 à 1999, puis rédacteur en chef du service des sports et directeur de la rédaction des sports de Canal+ de 1999 à 2001.

En septembre 2004, il coprésentera avec Stéphanie Renouvin *La Matinale de Canal+* jusqu'en octobre 2004, date de son départ pour TF1.

En janvier 2005, il présentera sur TF1 la grand-messe dominicale *Téléfoot* avec la participation de Romain Del Bello. Thierry Gilardi remplacera la voix du foot, Thierry Roland, en tant que commentateur des rencontres de la Ligue des champions et de l'équipe de France. De septembre 2005 à juin 2006, il coprésente *LCI matin* avec Mélissa Theuriau. Aux côtés de Jean-Michel Larqué et d'Arsène Wenger, il commente sur TF1 la Coupe du monde de football 2006. Ses répliques cultes, comme celle sur le but de Franck Ribéry contre l'Espagne (« Vas-y mon petit ! ») ou sa tirade sur le coup de tête de Zidane (« Pas ça, Zinédine, pas aujourd'hui, pas maintenant, pas après tout ce que tu as fait, pas ça »), lors de la finale Italie-France, ont marqué les esprits et la mémoire des téléspectateurs.

Des tribunes

« *Attaquant talentueux et inspiré, il est révélé à l'AJ Auxerre et porte le maillot de l'Olympique de Marseille où il est champion de France en 1989 et en 1991, puis finaliste de la Coupe d'Europe des Clubs Champions en 1991. Cantona connaît l'apogée de sa carrière en Angleterre, tout d'abord à Leeds United où il remporte le championnat, puis à Manchester United, où il joue de 1992 à 1997 et avec lequel il est champion d'Angleterre à quatre reprises, où il est surnommé Éric the King et dont il devient une des personnalités historiques des Red Devils.* »

Il faut, en tant qu'auteur, savoir reconnaître quand un résumé de carrière est bien fait par un tiers dans une « source », qu'il est inutile de broder et de recommencer le même travail. Alors, commençons par le début, et cassons le schéma tactique connu, il faut parfois surprendre l'adversaire pour remporter le match. La jeunesse de Cantona, version sport et bio, c'est quoi ?

Version Biographie : Éric Cantona est né le 24 mai 1966 à Marseille, de parents ayant des origines italiennes et espagnoles, et l'heureux nouveau-né est le fils cadet de la famille, à ce moment-là. Joël (Bic vert deux lames) est de deux ans plus jeune qu'Éric (Bic orange une lame). Pour l'aîné, Jean-Marie, on ne sait quel rasoir il utilisait. Ils grandissent dans le quartier des Caillols dans le 12e arrondissement de Marseille. Le démon du foot (Guy Roux ?) le prend à l'âge de six ans, ceci d'après les différentes sources consultées, et le jeune espoir jouera plus de 200 matchs pour le club de son quartier et décrochera le titre enviable, après plus d'une centaine de buts officiels marqués, de « meilleur joueur » (*L'Équipe magazine, n°1295, 28 avril 2007*).

Le saviez-vous ?

Éric Cantona est un des précurseurs de la frappe en « rupture », caractérisée par une frappe explosive, avec peu d'amplitude, et le blocage du pied lors de l'impact avec le ballon. Cette technique est directement emprunté au golfeur.

Bonus
Championnat d'Europe de football
du 12 juin 1984 au 27 juin 1984

* Épreuves : 15 matchs joués.
* Tenant du titre : Allemagne de l'Ouest.
* Vainqueur : France (1er titre).
* Finaliste : Espagne.
* Demi-finalistes : Danemark-Portugal.
* Buts inscrits : 41.
* Meilleur buteur : Michel Platini (9).

Le Championnat d'Europe de football 1984 est la 7e édition du Championnat d'Europe de football qui se tient tous les quatre ans et est organisé par l'UEFA. La phase finale organisée par la France est, comme en 1980, disputée par huit nations. Toutes les équipes, à l'exception de la France (pays organisateur), ont dû disputer des qualifications pour y prendre part.

Le système mis en place à l'Euro 1980 est modifié sur proposition de la France qui souhaite la réintroduction de véritables demi-finales. L'UEFA n'étant pas favorable à une augmentation du nombre de matchs à disputer, un compromis est validé : les demi-finales sont rajoutées au programme et, en contrepartie, le match pour la troisième place est supprimé. Avec deux qualifiés par groupe, la phase de poule du premier tour rétrograde au statut de « quart de finale ».

La France l'emporte en finale aux dépens de l'Espagne (2-0). Michel Platini établit le record de buts sur une édition (9) et dans l'Euro en général. Le football français gagne ainsi son premier titre international depuis la création de l'équipe de France en 1904.

La France bat le Danemark grâce au premier de la série des neuf buts de Michel Platini, tandis que la Belgique bat la Yougoslavie (2-0). La France assure sa qualification dès son deuxième match en battant largement la Belgique 5-0, dont un premier triplé de Platini. Le Danemark bat la Yougoslavie. La Yougoslavie, alors sûre d'être éliminée au premier tour, est battue 3-2 par la France sur un coup du chapeau parfait de Platini : trois buts consécutifs, dans la même mi-temps, du gauche, de la tête et pour finir du droit sur coup franc.

La RFA, championne d'Europe en titre et vice-championne du monde en titre, est vaincue par l'Espagne lors du dernier match de poule. Elle fait ensuite match nul (0-0) contre le Portugal, tandis que l'Espagne et la Roumanie font aussi match nul (1-1). La RFA prend la tête du groupe en battant la Roumanie alors que l'Espagne fait encore match nul. Au final, ne restent en liste que l'Espagne (contre l'Allemagne de l'Ouest) et le Portugal (contre la Roumanie) qui se qualifient, l'Espagne devançant son voisin portugais au nombre de buts marqués.

Demi-finales

La demi-finale opposant la France au Portugal est la première d'une série noire pour les Portugais (qui durera jusqu'en 2016). La France menée au score en première partie de prolongation renverse la situation dans les derniers temps et s'impose 3 à 2. Le but de la victoire inscrit par Platini est le huitième du meneur de jeu des Bleus.

La finale

La France remporte son premier titre international, devenant championne d'Europe en battant l'Espagne 2-0 au Parc des Princes.

Le saviez-vous ?

L'Arconada. C'est lors de ce match de finale de Coupe d'Europe qu'est née l'expression footballistique « faire une Arconada », du nom du goal espagnol, responsable d'une maladresse fatale sur un coup franc tiré par Michel Platini et qui coûta à son équipe l'ouverture du score.

La composition de l'équipe de France pour la Coupe d'Europe

Gardiens :
* Joël Bats
* Philippe Bergeroo
* Albert Rust

Défenseurs :
* Manuel Amoros
* Patrick Battiston
* Maxime Bossis
* Jean-François Domergue
* Yvon Le Roux
* Thierry Tusseau

Milieux :
* Luis Fernandez
* Jean-Marc Ferreri
* Bernard Genghini
* Alain Giresse
* Michel Platini
* Jean Tigana

Attaquants :
* Bruno Bellone
* Daniel Bravo
* Bernard Lacombe
* Dominique Rocheteau
* Didier Six

Cantona, la suite : Auxerre (1981-1985)

C'est le début de sa carrière, et c'est avec le célèbre Guy Roux, entraîneur d'Éric Cantona sous les couleurs de l'AJ Auxerre, que ça commence.

Bien que né à Marseille, Éric Cantona n'y commence pas sa carrière professionnelle. Après avoir envisagé d'intégrer les centres de formation de l'AS Monaco ou de l'OGC Nice, il opte finalement pour celui de l'AJ Auxerre qu'il intègre à 15 ans.

Le 14 mai 1982, Cantona réalise sa première apparition sous le maillot de l'équipe de France de moins de 17 ans. L'équipe affronte la Suisse et les Bleus gagnent grâce à un but décisif d'Éric Cantona.

Cantona débute en première division en novembre 1983 contre Nancy. *Aligné en attaque aux côtés de Andrzej Szarmach, il participe plus d'une heure à la victoire 4 à 0 d'Auxerre.* Six semaines plus tard, Guy Roux l'appelle à nouveau pour une rencontre contre le Racing Club de Lens. L'AJ Auxerre bat Lens sur le score de 4 à 0 à nouveau.

L'équipe réserve d'Auxerre devient championne de troisième division 1983-1984. Lors de la finale, Cantona marque le but victorieux contre l'OGC Nice. Au total, Éric Cantona marque 20 buts et termine second meilleur buteur de l'équipe réserve.

Cantona réapparaît en équipe première à la fin de la saison 1984-1985. Auxerre est en course pour disputer la Coupe UEFA pour la deuxième fois de l'histoire du club. Le 14 mai 1985, il inscrit son premier but sur une victoire 2 -1 contre le club de Bourgogne. Deux semaines plus tard, Auxerre est mené 1-0 à la mi-temps par le RC Strasbourg. Cantona marque le but égalisateur et permet à Auxerre de se qualifier pour la Coupe d'Europe. En juin, avec les juniors de l'AJA, il gagne la Coupe Gambardella en marquant les trois buts de la victoire contre Montpellier.

Le saviez-vous ?

Virus. Au début de la saison 1985-1986, Éric Cantona a une chance de devenir titulaire, mais une infection virale touche l'espoir français. Cantona ne marquera pas le moindre but en 6 rencontres de championnat et Roger Boli deviendra finalement titulaire aux côtés de Patrice Garande.

Bonus
Guy Roux
« Éleveur de champions »

Guy Roux, l'homme au bonnet perpétuel, est connu tant pour sa rigueur que pour son paternalisme, associé à une gestion efficace des ressources, je dis bien de toutes les ressources de son club. Les anecdotes sur ce monstre sacré de la planète foot ne manquent pas. Basile Boli avouera que Guy Roux finira par mettre un cadenas à sa mobylette pour l'empêcher de sortir le soir, et d'autres joueurs avoueront avoir fait faire des doubles de clés pour sortir de l'enceinte du club auxerrois sans que le « Cerbère de la porte », comme dirait l'équipe de *SOS Fantômes*, ne s'en aperçoive. D'après les différents témoignages que l'on trouve sur la toile, il allait en boîte de nuit chercher ses joueurs, vérifiait les compteurs kilométriques des voitures pour punir à l'entraînement, et, devenu légendaire, ce particularisme du bonhomme entraîneur et éleveur de champions sera mis en vedette dans une publicité pour l'opérateur Bouygues Telecom, pour Nomad, le forfait sans engagement. Bref, Guy Roux fait partie de cette France si particulière et de ces personnages truculents qu'on aime retrouver ici et là.

Guy Roux ?

C'est du patrimoine !

Bio rapide du Cerbère de la porte

Guy Roux est joueur puis entraîneur de football, il est né le 18 octobre 1938 à Colmar, dans le Haut-Rhin.

Il devient entraîneur-joueur à l'AJ Auxerre à l'âge de 23 ans en 1961. C'est le début de sa longue carrière d'entraîneur au sein du club auxerrois, qui perdurera jusqu'en 2005. Il est également président du syndicat des entraîneurs de football en France de 1977 à 2001.

Sous sa conduite, l'AJ Auxerre gravit tous les échelons du football français, du championnat régional au Championnat de France amateur, jusqu'à la deuxième et la première division professionnelle en 1980. Il permet au club de remporter un titre de champion de France en 1996 et quatre victoires en Coupe de France. Il est le deuxième entraîneur français ayant remporté le plus de

Coupes de France. Il détient le record du nombre de matchs dirigés en première division en tant qu'entraîneur avec 894 rencontres entre 1980 et 2007.

Pour ses 80 ans, sur RMC, Guy Roux dressera le « onze de rêve » avec les joueurs qu'il a entraînés lors de ses 40 années passées sur le poste.

Gardiens : Joël Bats. Auxerre 1980-1985.
Défense : Sagna, Blanc, Boli, West.
Bacary Sagna est l'un des meilleurs latéraux droits français des années 2000. Basile Boli a, lui, passé sept ans à Auxerre avant de s'envoler vers l'OM pour gagner la Coupe d'Europe des clubs champions. Laurent Blanc, Auxerre (1995-1996) avec un doublé coupe-championnat. Taribo West, défense auxerroise (1993-97) avant de rejoindre l'Inter Milan.
Milieux : Lamouchi, Scifo, Martins.
Sabri Lamouchi, Auxerre (1994-1998) a participé au doublé coupe-championnat 1996 et à la Ligue des champions 1997. Corentin Martins, quart de finale de la Coupe de l'UEFA face à l'Ajax Amsterdam en 1993. Enzo Scifo sera champion de Belgique en 1985, 1986, 1987 et 2000.
Attaque : Cissé, Szarmach, Cantona.
Djibril Cissé, deuxième meilleur buteur de l'histoire du club auxerrois (70 buts entre 1998 et 2004). Il est devancé par le Polonais Andrzej Szarmach, meilleur buteur de l'histoire du club (94). Éric Cantona, Auxerre (1983-1988), voire le portrait ci-avant et ci-après.
Remplaçants : Martini, Mexès, Boumsong, Saïb, Ferreri, Diomède, Guivarc'h, Cocard, Vahirua, Kalou, Fadiga, Verlaat, Laslandes, Roche, Diaby, Kapo.

Le saviez-vous ?

En 1993, le jeu *Championship Manager 93* sort en France sous le nom de *Guy Roux Manager*. Ce jeu est disponible sur plusieurs plateformes de jeu : Amiga, Atari ST, PC. Ce jeu vidéo a plusieurs suites : *Guy Roux Football Manager : Saison 97/98, Guy Roux Manager 98, Guy Roux Manager 99, Guy Roux Manager 2000, Guy Roux Manager 2001, Guy Roux Manager 2002.*

Martigues (1985-1986)

En octobre 1985, il est prêté pour sept mois à ce club en difficulté dont l'entraîneur est un proche de l'homme au bonnet.

Cantona s'impose à la pointe de l'attaque martégale en marquant 4 buts en 15 rencontres et son club d'accueil, bon dernier au classement à son arrivée, se maintient. Impressionné, Guy Roux lui propose son premier contrat professionnel qu'il signe en février 1986 après un match remarquable contre l'Olympique Lyonnais.

Le saviez-vous ?

Culture pub I. Depuis la fin des années 1990, Éric Cantona est l'une des icônes des publicités des équipementiers sportifs américains Nike et Sharp. Il tourne dans des campagnes de publicité très populaires où il joue savamment avec son image et un certain sens de l'autodérision. Une publicité Nike le représente devant le drapeau anglais avec la phrase suivante : « *66 fut une grande année pour le football anglais, Éric est né !* », par analogie avec la victoire anglaise de la Coupe du monde de 1966. Mais ce n'est pas tout : Renault, avec la Laguna GT en 2009 (surtout quand on est *fragile* comme lui), joue encore de son image, tout comme Bic à plusieurs reprises, ou encore L'Oréal avec les déodorants L'Oréal Paris Men Experts. Suivront Pepsi, Kronenbourg, et un des spots pour la Neuf Box.

Débuts internationaux
(1986-1988)

« *La France ne mérite pas Auxerre,*
l'Angleterre sans doute, mais pas la France. »

Éric Cantona

Ses bonnes performances en club sont remarquées et Cantona est appelé en équipe de France espoirs, il marque contre la Hongrie, puis il inscrit deux buts contre l'URSS, offrant la victoire 2 à 1 aux jeunes Français. Les Bleus se qualifient pour les quarts de finale des championnats d'Europe grâce à une victoire contre la Norvège lors de laquelle son jeu est une nouvelle fois décisif.

Henri Michel sélectionne Éric Cantona pour jouer la rencontre contre l'Allemagne de l'Ouest à Berlin. Titulaire aux côtés de Jean-Pierre Papin, il inscrit son premier but avec l'équipe A Française.

Lors du premier tour de la Coupe UEFA 1987-1988, Auxerre est battu 3 à 0 au match aller contre le Panathinaïkos. Au match retour, l'attaquant français marque un des trois buts de la victoire (3 à 2). En championnat, Cantona marque 13 buts lors de cette saison que l'AJA termine à la 4ᵉ place. Il sera aussi l'un des principaux acteurs des demi-finales du championnat d'Europe Espoirs contre l'Angleterre. Il inscrit le deuxième but de la victoire (4-2) à domicile, puis les deux buts français du nul (2-2) obtenu à Londres.

L'OM, Bordeaux et Montpellier
(1988-1991)

L'AS Monaco, le PSG, le Matra Racing et l'Olympique de Marseille sont les principaux clubs voulant le recruter. Cantona choisit sa ville natale et donne son accord à l'OM de Bernard Tapie. C'est pour l'un des clubs emblématiques du football français que Cantona signe un contrat de 5 ans en 1988 (lors d'un transfert de 22 millions de francs, ce qui est un montant record à l'époque).

Bonus
Henri Michel

Sac à merde ! Alors qu'il est joueur titulaire lors de la victoire contre l'Espagne en mars 1988, il n'est pas retenu par Henri Michel pour jouer contre la Tchécoslovaquie. Cantona qualifie le sélectionneur de « sac à merde » et affirme qu'il ne jouera plus avec l'équipe de France tant qu'Henri Michel en sera le sélectionneur. Et ceci par voie de presse, bien évidemment. Éric Cantona est exclu par la Fédération française de football de toute sélection nationale jusqu'au 30 juin 1989, le privant ainsi de sélection.

Henri Michel, était un footballeur international français évoluant au poste de milieu de terrain et entraîneur, décédé en 2018.

Il fera l'essentiel de sa carrière au FC Nantes avec lequel il remportera 3 titres de champions de France et une coupe de France. En équipe de France, il sera sélectionné à 58 reprises entre 1967 et 1980.

Il deviendra sélectionneur de l'équipe de France olympique et remportera les Jeux olympiques de 1984, puis, à la suite de la retraite de Michel Hidalgo, il deviendra sélectionneur de l'équipe de France et remportera la Coupe intercontinentale des Nations en 1985, puis mènera la France jusqu'à la 3ᵉ place de la Coupe du monde de football de 1986. Il deviendra ensuite entraîneur du Paris Saint-Germain et de plusieurs clubs et sélections nationales africaines, dont l'équipe du Maroc.

110 minutes

Prêté par l'OM aux Girondins de Bordeaux, à la suite d'un différend salé avec l'entraîneur marseillais Gérard Gili, en 110 minutes de jeu sur 3 mois, notre tête de mule nationale marquera pourtant à six reprises sous ses nouvelles couleurs.

Après son passage à Bordeaux, Éric Cantona rejoint en prêt le Montpellier-Hérault pour la saison 1989-1990. En Coupe de France, les Montpelliérains se hissent en finale après avoir éliminé l'AS Saint-Étienne à Geoffroy Guichard sur un but de Cantona.

Il retourne à l'OM en 1990, avec la confiance de Franz Beckenbauer en début de saison, son entente avec Jean-Pierre Papin fonctionne et Cantona marque 8 buts en 16 matchs. La suite sera plus complexe : blessé au genou, immobilisé pendant plusieurs mois, subissant un changement d'entraîneur, Cantona ne fera plus de bonnes sélections ni d'étincelles pour l'OM.

« Platini a trouvé le truc !»

La suspension d'un an en équipe de France étant terminée, Éric Cantona retrouve l'équipe des Bleus en 1989 à Malmö lors d'un match amical contre la Suède. Alors sélectionneur de l'équipe de France, Michel Platini aligne une formation avec Cantona titulaire aux côtés de Jean-Pierre Papin, meilleur buteur du dernier exercice de première division française avec 22 buts. La France l'emporte (4-2) grâce à des doublés de Papin et Cantona.

En équipe nationale, Cantona enchaîne les bonnes performances, participant à une série de six victoires consécutives des Bleus. Le numéro 18 de l'équipe de France marque un but contre l'Écosse, puis un doublé contre l'Allemagne de l'Est trois mois plus tard. Il inscrit un nouveau but contre l'Allemagne de l'Ouest et enfin un doublé contre la Hongrie en mars 1990, ce qui fait de lui un titulaire indiscutable avec huit buts en huit rencontres.

Nîmes

L'Olympique lyonnais et le Paris Saint-Germain sont deux destinations possibles, mais aucun de ces deux clubs ne satisfait Cantona. L'attaquant marseillais accepte de jouer dans un club moins prestigieux et signe finalement à Nîmes. *Le club de Nîmes paie le transfert 10 millions de francs grâce à des fonds publics débloqués par Jean Bousquet, maire de la ville de Nîmes et ancien président du club.* (Source : *Wikipédia*)

Quand Cantona y fait ses débuts, l'équipe enchaîne une mauvaise série avec deux défaites et deux matchs nuls, et pour couronner le tout, il se blesse à la cuisse et reste absent quelques semaines. Nîmes encaisse une défaite supplémentaire (4 à 2) contre l'OM et le club pointe à la 19e place du championnat, c'est-à-dire à l'avant dernière place du classement.

Nîmes reprendra la main par des victoires consécutives sur Cannes, Nancy et Le Havre alors que Cantona est toujours absent. À son retour, l'attaquant, après un passage à vide, inscrit un pénalty décisif lors d'une victoire 1 à 0 contre Lille. Avec l'équipe de France, les affaires reprennent aussi et une réussite avec une victoire contre l'Espagne assurant la qualification de la France au championnat d'Europe.

Leeds United (1992)

« I love you, I don't know why, but I love you! » Éric Cantona

Éric Cantona ne joue que six mois à Elland Road, mais il y devient champion d'Angleterre. En janvier 1992, Cantona rejoint le club de Sheffield Wednesday. Mais cela est bref, la direction de Sheffield tarde trop à lui proposer un contrat, et Cantona accepte une offre de Leeds United. Le *Yorkshire Evening Post* annonce l'arrivée de Cantona à Leeds le 1er février 1992. Recruté par Howard Wilkinson, sur les recommandations de Platini et Gérard Houllier, Éric Cantona fait ses débuts en championnat anglais à Oldham, soutenu par 5 000 supporteurs de Leeds United qui ont fait le déplacement pour observer ses débuts. Surnommé « Le Brat » par le *Sunday Mirror*, Cantona touche peu de ballons et est observateur de la défaite de son équipe. Lors du match nul opposant Everton à Leeds, c'est la première apparition de Cantona à la télévision britannique nationale, et il paraît évident à la critique que celui-ci ne s'est pas encore adapté au style de jeu du football anglais.

Il deviendra quand même, à force d'efforts et par son talent et sa fougue, d'Angleterre. Lors des célébrations du titre, le premier depuis près de 18 ans pour Leeds, amené à s'exprimer devant la foule de supporters, Cantona déclarera avec un fort accent français : « I love you, I don't know why, but I love you! » Cette simple phrase fait chavirer les cœurs et marque le point de départ de la « Cantomania » en Angleterre.

Un ballon mou

Après son titre anglais, Éric Cantona est encore retenu par Platini pour disputer le championnat d'Europe 1992. L'équipe de France fait partie des favoris après ses huit victoires en huit matchs lors des éliminatoires. Au milieu de l'attaque à trois avec Pascal Vahirua et Jean-Pierre Papin, Cantona est presque transparent et n'a aucune influence sur les deux premiers matchs nuls de l'équipe de France contre la Suède, puis l'Angleterre. Lors du troisième match, contre le Danemark, la France s'incline au score. Cantona termine son tournoi sans avoir marqué ni réalisé de passe décisive.

Deuxième temps

Contre Liverpool, il inscrit un triplé. Leeds United glane un nouveau trophée grâce à son succès 4 à 3 dû en grande partie à son attaquant français. Cantona devient le premier Français à inscrire un but à Wembley pour un club anglais, le premier Français à être nommé homme du match en Angleterre et le premier joueur de Leeds à réaliser le triplé dans le vieux stade de Wembley. La défense du titre commence par une victoire contre Wimbledon avec une attaque à trois composée de Cantona, Chapman et Wallace. Il reçoit son premier carton jaune en Angleterre lors de ce match. Titulaire, Cantona est dans la lumière en inscrivant un nouveau triplé contre Tottenham. Éric Cantona inscrit un doublé contre Oldham dans la même semaine.

King
(1992-1995)

Le 26 novembre 1992, il est transféré à la Manchester United pour 1,2 million de livres sterling. Dès la première saison avec les Red Devils, Éric Cantona remporte son deuxième titre de champion d'Angleterre de suite, devenant le premier joueur du championnat à être successivement champion avec deux clubs différents. Il permet ainsi à Manchester United de remporter son premier titre depuis 26 ans. Manchester United poursuit la saison suivante avec un doublé championnat-coupe. Au total, il sera quatre fois champion d'Angleterre et deux fois vainqueur de la Cup.

En équipe de France, il est le capitaine et c'est un sans-faute dans les qualifications de la Coupe du monde 1994. La France perd cependant contre Israël, puis contre la Bulgarie, et doit laisser la qualification à la Bulgarie et à la Suède, futures demi-finalistes.

Bonus
Le mondial 1994

La Coupe du monde de football de 1994 est organisée aux États-Unis du 17 juin au 17 juillet. Plusieurs grandes nations de football sont absentes de cette Coupe du monde, comme l'Angleterre, la France (la Bulgarie, qui avait éliminé la France lors du dernier match des qualifications européennes), l'Uruguay, la Tchécoslovaquie et l'équipe championne d'Europe en titre, le Danemark, qui n'a pas parvenu à se qualifier.

L'équipe du Brésil, emmenée par Romário, Bebeto et le capitaine Dunga, élimine les États-Unis en huitièmes de finale (1-0), les Pays-Bas en quarts (3-2), la Suède en demi-finale (1-0) et remporte son quatrième titre mondial sur l'Italie lors de la finale le 17 juillet 1994 au Rose Bowl de Pasadena, dans un match conclu par 3-2 aux tirs au but.

Cantona, la suite :
Mauvais caractère mais bon cœur (1995)

« Quand les mouettes suivent un chalutier,
c'est parce qu'elles pensent que des sardines seront jetées à la mer. »

Éric Cantona

Le 25 janvier 1995, les télévisions passent en boucle son fameux coup de pied contre un spectateur du Crystal Palace qui lui a lancé des insultes xénophobes après son expulsion du jeu. Ses détracteurs y voient le coup de sang de trop, ses admirateurs vantent à l'inverse sa personnalité unique. L'affaire prendra des proportions insensées et ira jusqu'à importuner le président François Mitterrand lui-même. Que ne ferait la présidence de la République française pour ses champions ?

Cantona est condamné en mars 1995 à deux semaines de prison ferme avant que la peine soit commuée en 120 heures de travaux d'intérêt général en appel, et suspendu neuf mois par la Fédération anglaise (suspension étendue au niveau international par la FIFA). Ces heures de travaux d'intérêt général consisteront à entraîner des jeunes joueurs anglais. Et il y aura et il y eut bien d'autres histoires…

> **Le saviez-vous ?**
> Cette suspension l'éloigne de l'équipe de France, et Aimé Jacquet qui en avait fait son capitaine ne le rappelle plus chez les Bleus.

Derniers titres et fin de carrière
(1995-1997)

Cantona fait un retour triomphal sur les pelouses anglaises en octobre 1995, soit 248 jours après son dernier match avec les Red Devils.

« Cantona offre une passe décisive à Nicky Butt dès la deuxième minute de jeu. Le Liverpool FC inscrit alors deux buts marqués par Robbie Fowler. Ryan Giggs obtient un pénalty que Cantona tire et marque en prenant David James à contre-pied. »

L'attaquant français joue avec la réserve de United contre celle de Leeds United ; malheureusement, il se blesse à la 18ᵉ minute lors d'une collision avec Jason Blunt. Il reviendra à Londres pour jouer contre Chelsea et il contribue à trois des quatre buts de Manchester. Newcastle a alors une avance de six points sur Manchester United. Éric Cantona est à son meilleur niveau. Il provoque et inscrit le pénalty égalisateur contre Nottingham Forest. Cantona inscrit deux nouveaux buts mais ne peut empêcher le retard de Manchester d'augmenter. Ancien coéquipier à l'AJ Auxerre, le défenseur français William Prunier est recruté par Manchester United sur ses recommandations. Ce dernier participe à la victoire puis disparaît du paysage après une défaite record de 4 à 1 contre Tottenham. En fin de saison, Cantona permet de réaliser le doublé en marquant à la 86ᵉ minute de la finale de la Cup contre Liverpool. Après la saison 1996-1997, marquée par un nouveau titre de champion, mais également des performances sportives moindres et à 30 ans, Cantona annonce son retrait du football. Une lassitude du milieu sportif le décide à jeter l'éponge au sommet de sa carrière. Il dira : « *J'ai été footballeur professionnel pendant treize ans, ce qui est très long. Maintenant, je souhaite faire d'autres choses. J'ai toujours prévu de prendre ma retraite en étant au sommet, et à Manchester United, j'ai atteint l'apogée de ma carrière.* »

Tous les médias anglais font leur une sur la retraite du joueur français. Aujourd'hui encore, les supporters de Manchester United lui rendent hommage lors de ses apparitions à Old Trafford en chantant *La Marseillaise*.

Cinéma, télévision et théâtre

Tout commence en 1995, avec *Le bonheur est dans le pré* d'Étienne Chatiliez, aux côtés de Michel Serrault et d'Eddy Mitchell. Sa prestation est remarquée et plutôt que de faire un hors sujet, nous sommes ici pour parler de football, voici simplement pour le plaisir ses principaux rôles depuis cette date, au cinéma, à la télévision et au théâtre.

Cinéma

✱ 1995 : *Le bonheur est dans le pré* d'Étienne Chatiliez : Lionel
✱ 1998 : *Elizabeth* de Shekhar Kapur : M. Le Foix
✱ 1998 : *Mookie* d'Hervé Palud : Antoine Capella

* 1999 : *Les Enfants du marais* de Jean Becker : Jo Sardi
* 2001 : *La Grande Vie !* de Philippe Dajoux : un joueur de pétanque
* 2003 : *L'Outremangeur* de Thierry Binisti : Commissaire Séléna
* 2003 : *Les Clefs de bagnole* de Laurent Baffie : lui-même
* 2005 : *La vie est à nous !* de Gérard Krawczyk : Pierre
* 2007 : *Le Deuxième Souffle* d'Alain Corneau : Alban
* 2009 : *Looking for Éric* de Ken Loach : lui-même
* 2010 : *Ensemble, c'est trop* de Léa Fazer : Gérard
* 2011 : *Switch* de Frédéric Schoendoerffer : Forgeat
* 2012 : *Les Kaïra* de Franck Gastambide : l'entraîneur de l'équipe de foot-ball des Nains
* 2013 : *Moi, moche et méchant 2* de Pierre Coffin et Chris Renaud : Eduardo Perez
* 2015 : *Les Rois du monde* de Laurent Laffargue : Chichinet
* 2019 : *Ulysse et Mona* de Sébastien Betbeder : Ulysse

Télévision

* *Papillon noir* et *La liste* de Christian Faure, diffusés en 2008.
* 2019 : diffusions du premier épisode de la série *Le Voyageur*.
* Le 23 avril 2020 sur Arte est diffusé le premier des six épisodes de la série *Dérapages*, mini-série réalisée par Ziad Doueiri.

Théâtre

* 2010 : *Face au paradis* de Nathalie Saugeon, mise en scène de Rachida Brakni.
* 2012 : *Ubu enchaîné* d'Alfred Jarry, mise en scène de Dan Jemmett.
* 2015 : *Victor* de Henri Bernstein, mise en scène de Rachida Brakni.
* 2018 : *Lettres à Nour* de Rachid Benzine, mise en scène de Charles Berling et Rachid Benzine.

Avant de clore le chapitre sur Cantona, et ayant volontairement mis de côté ses activités liées au « Beach Soccer », nous vous offrons un bonus en la personne de Basile Boli.

Bonus
Basile Boli

Basile Boli est né le 2 janvier 1967 à Abidjan en Côte d'Ivoire et est un footballeur international français. Il évoluera au poste de défenseur central durant les décennies 1980-1990. Formé à l'AJ Auxerre, par Guy Roux, il débutera en première division à seize ans seulement avec ce club et il deviendra rapidement titulaire. En 1990, il mutera à l'OM avec lequel il deviendra champion de France et finaliste de la Coupe d'Europe des clubs champions dès la première saison. Après deux sacres nationaux d'affilée, Basile Boli marquera en finale européenne et offrira les lauriers aux Marseillais lors de sa troisième saison olympienne. Il rejoindra ensuite le Rangers FC où il gagnera les championnats d'Écosse. Il jouera aussi avec l'AS Monaco et enfin dans le club japonais d'Urawa Red Diamonds jusqu'en 1997.

* 45 sélections pour un but inscrit en équipe de France.
* Participe à l'Euro 1992.
* Conseiller à l'AJ Auxerre puis coordinateur sportif à l'OM.

Palmarès en club

* Vainqueur de la Ligue des champions en 1993 avec l'Olympique de Marseille.
* Champion de France en 1991 et en 1992 avec l'Olympique de Marseille.
* Champion d'Écosse en 1995 avec les Glasgow Rangers.
* Vainqueur de la Coupe Gambardella en 1986 avec l'AJ Auxerre.
* Vainqueur de la Coupe des Alpes en 1985 et en 1987 avec l'AJ Auxerre.
* Champion de France Cadets en 1983 avec l'AJ Auxerre.
* Finaliste de la Coupe d'Europe des Clubs Champions en 1991 avec l'Olympique de Marseille.
* Vice-champion de France en 1994 avec l'Olympique de Marseille.
* Finaliste de la coupe de France en 1991 avec l'Olympique de Marseille.
* Vainqueur du Tournoi de Marseille en 1990 avec l'Olympique de Marseille.
* Vainqueur du Tournoi de Paris en 1991 avec l'Olympique de Marseille.

* Deuxième de la Coupe de la Méditerranée en 1991 avec l'Olympique de Marseille.
* En Équipe de France.
* Vainqueur du Tournoi de France en 1988.
* Vainqueur du Tournoi du Koweït en 1990.
* Distinctions individuelles.
* Élu révélation de l'année France Football en 1984.
* Étoile d'or France Football en 1989.
* Membre de l'équipe idéale des années 1977-2007 de l'AJ Auxerre.
* Membre de la Dream Team des 110 ans de l'Olympique de Marseille en 2010.

La saga Jean-Pierre Papin

« JPP reviens ! »

Devenu une légende pour ses buts acrobatiques sous les couleurs de l'OM,
du Milan AC
ET
de l'équipe de France,
Jean-Pierre Papin restera à jamais l'une des grandes stars
du foot français

Waiti
le coq sportif

JPP, en foot et en bref

Révélé au FC Bruges, en Belgique, « JPP » connaît l'apogée de sa carrière à l'Olympique de Marseille, où il joue de 1986 à 1992. Il porte ensuite le maillot de deux des clubs européens les plus prestigieux : le Milan AC et le Bayern Munich.
Papin honore 54 sélections en équipe de France, avec laquelle il dispute la Coupe du monde de 1986 et l'Euro 92.

Avant-centre efficace et spectaculaire, auteur des fameuses « Papinades » (reprises de volées et retournés acrobatiques), il est en 1991 le 3ᵉ joueur français à remporter le Ballon d'or, après Raymond Kopa et Michel Platini.
Dans les années 2000, il devient entraîneur, et dirige notamment trois clubs professionnels : le RC Strasbourg, le RC Lens et La Berrichonne de Châteauroux.

« Jean-Pierre Papin avait la particularité, pour un avant-centre, de marquer de nombreux buts de loin. Lorsqu'il recevait le ballon, il frappait le plus souvent en première intention, notamment en reprise de volée. Contrairement à ce que beaucoup de gens pensent, la papinade n'est pas un ciseau acrobatique, mais une reprise de volée puissante du droit, depuis le côté droit de la surface de réparation, sur un centre en profondeur venant du côté gauche. Les qualités de Papin étaient le fruit d'un travail acharné à l'entraînement. Il n'était pas rare de le voir faire des "heures supplémentaires" à l'entraînement pour travailler devant le but, allant même jusqu'à s'éclairer avec les phares de sa voiture après l'extinction des lumières du centre d'entraînement. »

Un extrait du palmarès de « JPP »

✳ Avec l'INF Vichy, il est vainqueur du Groupe Centre de Division 3 en 1983.
✳ Il remporte en 1986 la Coupe de Belgique avec le FC Bruges.
✳ Il est champion de France en 1989, 1990, 1991 et 1992, vainqueur de la Coupe de France en 1989, finaliste de la Coupe de France en 1987 et 1991, et finaliste de la Coupe d'Europe des Clubs Champions en 1991 avec l'Olympique de Marseille.

* Il remporte la Ligue des champions en 1994, le championnat d'Italie en 1993 et 1994, la Supercoupe d'Italie en 1992 et est finaliste en 1993 de la Ligue des champions, de la Coupe intercontinentale et de la Supercoupe d'Europe avec le Milan AC.
* Il est finaliste de la Supercoupe d'Allemagne en 1994 puis remporte la Ligue Europa en 1996 avec le Bayern Munich.
* Il est finaliste de la Coupe de la Ligue en 1997 et 1998 avec les Girondins de Bordeaux.

Et il remporte aussi différents tournois avec l'Olympique de Marseille, comme le Tournoi d'Auxerre en 1988, le Tournoi de Marseille en 1990, le Tournoi de Paris en 1991, et il est finaliste du Trophée Joan Gamper en 1991 et deuxième de la Coupe de la Méditerranée en 1991.

Avec le Milan AC, il remporte le tournoi de la Ville de Zurich en 1991, les tournois de la Ville de La Corogne et de Padoue en 1992, la Coupe de la Méditerranée en 1992. Le Trophée Luigi Berlusconi en 1992 et 1993, la Coupe de la Bonté en 1993, la Coupe de Tokyo en 1993, la Coupe Shenyang en 1993, le tournoi d'Oviedo en 1993, le Mémorial Giorgio Ghezzi en 1994 et le Tournoi de la cité de Barcelone en 1994.

Avec le Bayern Munich, il est finaliste du Trophée Luigi Berlusconi en 1994 et vainqueur de la Fuji-Cup en 1994 et 1995.

Avec l'équipe de France A, Papin totalise 54 sélections et 30 buts entre 1986 et 1995. Il remporte la Médaille de bronze à la Coupe du monde en 1986 puis remporte le Tournoi de France en 1988, le Tournoi du Koweït en 1990 et la Coupe Kirin en 1991.

Distinctions et records

* Avec le FC Bruges, meilleur buteur de la Coupe de Belgique en 1986 (7 buts) et il est élu meilleur joueur étranger de tous les temps ayant évolué au club.
* En 1989, il est élu joueur français de l'année France Football, il remporte le Onze de Bronze, est médaillé de l'Académie des sports, puis est membre de l'équipe de l'année France Football.
* En 1990, il remporte le Onze de Bronze.
* En 1991, il remporte le Ballon d'Or, les titres de joueur de l'année World Soccer Awards, de joueur européen de l'année El País, de joueur français de l'année France Football, le Onze d'Or, le titre de meilleur buteur mondial de l'année avec l'IFFHS, puis est élu 2e meilleur footballeur de l'année FIFA et 2e au trophée du Champion des champions français.
* En 1992, il remporte le Onze de Bronze et est membre du club de l'année France Football. Il est le meilleur buteur du Championnat de France en 1988 (19 buts), en 1989 (22 buts), en 1990 (30 buts), en 1991 (23 buts) et en 1992 (27 buts), meilleur buteur de la Coupe de France en 1989 (11 buts), en 1991 (7 buts), en 1992 (4 buts), et le meilleur buteur de la Ligue des champions en 1990 (6 buts), en 1991 (6 buts) et en 1992 (7 buts).
* Il est le seul joueur à avoir terminé meilleur buteur du Championnat de France cinq fois consécutives.
* Il est co-recordman avec Éric Pécout, à avoir inscrit trois buts lors d'une finale de Coupe de France (en 1989).
* Il est le seul joueur français, lors des saisons 1990-1991 et 1991-1992, à terminer meilleur buteur de la Ligue des champions, du Championnat de France, de la Coupe de France et de l'Équipe de France.
* Il détient le record du nombre de buts en une saison de championnat pour un joueur français avec l'Olympique de Marseille, de la saison 1989-1990 à la saison 2018-2019 (record battu par Kylian Mbappé avec 33 buts).
* Deuxième joueur de toute l'Histoire à avoir été meilleur buteur d'une saison de Ligue des champions 3 fois consécutivement (1990-1991-1992) après Gerd Müller (1973-1974-1975).

* Il est nommé en 2010 2e meilleur joueur français à avoir joué au Milan AC par le magazine *So Foot*, nommé en 2011 parmi les 25 meilleurs joueurs du Milan AC de l'ère Berlusconi par le site *Gentside*.
* Sous les couleurs du Bayern Munich, il obtient le titre du plus beau but de l'année en Bundesliga en 1995.

Le saviez-vous ?

JPP s'en vient. Jpp est le troisième joueur français à être meilleur buteur d'une saison de Ligue des champions. Lors de la saison 1991-1992, avec 47 buts inscrits, il est le 4e meilleur buteur français de l'Histoire, toutes compétitions confondues sur une saison (ex æquo avec Stéphane Guivarc'h), derrière Just Fontaine (52 buts), Roger Courtois (49 buts) et Karim Benzema (49 buts).

Il est le 2e meilleur buteur de l'histoire de l'Olympique de Marseille (182 buts) et meilleur buteur olympien en Coupe d'Europe (23 buts). Il est élu Olympien du siècle de l'Olympique de Marseille en 2009, et il est nommé dans la Dream Team des 110 ans de l'Olympique de Marseille en 2010, puis fait partie du meilleur onze historique de l'Olympique de Marseille, décerné par les internautes du site *L'Équipe* en 2020.

Un sans-faute !

Avec l'équipe de France qui dispute 19 matchs sans défaite (entre mars 1989 et le 19 février 1992), qui remporte tous ses matchs des Éliminatoires du Championnat d'Europe de football 1992 (une première en Europe) et qui dispute 30 matchs sans défaite entre février 1994 et octobre 1996, il établit le record de l'équipe de France.

Palmarès entraîneur

* Avec le FC Bassin d'Arcachon en 2005, il est champion DH Aquitaine, puis vainqueur de la Coupe de la Région Aquitaine et vainqueur de la Coupe du District Gironde Atlantique.
* Avec le RC Lens, il est finaliste de la Coupe de la Ligue en 2008.

Bonus
Les Guignols de l'info

JPP est la cible des humoristes pour ses pubs, et notamment les fameux spots publicitaires pour la boisson chocolatée « Cacolac ».

« Cacolac light, moins de sucre et plus de patate »

Il est caricaturé en footballeur naïf et pour tout dire un peu con, souvent aux côtés d'Éric Cantona, que sa marionnette appelle « Picasso ». À l'époque où ils formaient un duo sur le front de l'attaque des Bleus, les deux hommes étaient souvent vus ensemble dans les médias. C'était donc assez logique de les retrouver à la cantine ou dans l'intimité sportive de leurs chambres d'hôtel. La passion de Cantona pour la peinture amusait aussi beaucoup les humoristes de Canal. La brute à forte sensibilité artistique et picturale, cela engendre un contraste comique, qu'évidemment les animateurs de l'émission la plus regardée de France ne pouvaient pas louper. Et son comparse, qui ne comprenait rien à rien et ramenait tout à son « Cacolac », ça matchait plutôt bien. Une caricature que Jean-Pierre Papin, alors au sommet de sa popularité, vit très mal. Il dira : *« Ça ne ressemblait pas du tout à ce que j'étais. Mais j'ai fini par comprendre que cela me rendait plus sympathique aux yeux des gens. »*

Pour ma part, j'ai en souvenir la fameuse chanson, tournée en clip : «JPP reviens, reviens JPP, parce que la France elle a besoin de toi ! » Nostalgie, quand tu nous tiens !

Voici maintenant les répliques cultes des *Guignols de l'info*, tous secteurs confondus, à destination des fins connaisseurs !

* **Jean-Pierre Papin** : « Affreux, affreux, affreux », « Papin : P, A, P, 1 ».
* **Jacques Chirac** : « Mangez des pommes » et le fameux « Putain, deux ans ! ».
* **Bernadette Chirac** : « Daviiiiiiiiiid ! » (Douillet, époque pièces jaunes)
* **Dominique Strauss-Kahn** : « Excusez la tenue, je sors de la douche. »
* **PPD** : « Vous regardez trop la télévision, bonsoâr. »
* **Michel Denisot** : « Désolé. »
* **Richard Virenque** : « À l'insu de mon plein gré », « On m'aurait menti ? »
* **Roselyne Bachelot** : « Ah bon ? », « Oh là là, la boulette… »
* **Johnny Hallyday** : « Ah que coucou », « Ooooptique 2000 », « La boîte à coucou »
* **Oussama Ben Laden** : « Lspice di counasse ! »
* **Arlette Laguiller** : « Travailleuses, travailleurs, on vous spolie ! »
* **François Bayrou** : « Mais heuuuuuu… », « Je veux être président de la Républiqueue ! »
* **Lionel Jospin** : « Pays de meeeeeeeerde ! »
* **Bernard Tapie** : « Salut bonhomme ! », « Moi c'est Nanard, 90 kilos de barbaque montés sur burnes ! »
* **Éric Cantona** : « Si c'est ça, je m'en vais ! Et je t'emmerde ! »
* **Bernard Laporte** : « C'est un acte d'une barbarie inouïe ! »
* **M. Sylvestre** : « We fuck the world, we fuck the children » et le fameux : « Beeuuuhahhh ! »
* **Nadine Morano** : les « Salut Paulo » lancés à PPD.

JPP : la story

Jean-Pierre Papin est le fils du footballeur Guy Papin (1942-2019), en son temps joueur à l'US Boulogne en Division 2 aux côtés de Jean-Claude Bielitzki et d'Yvan Garofalo. Son père a longtemps refusé que son fils se lance dans la carrière. Enfant sportif, il pratique plusieurs disciplines : natation, judo et tennis pour le principal, mais il manifeste très tôt un goût prononcé pour le football et apprécie Gerd Müller et Joe Jordan. Il a une préférence pour le football anglais et allemand. Manchester United est le premier club que Papin ait supporté. Élève peu intéressé, il délaisse ses études rapidement. Il commence sa carrière au club de Jeumont en 1969. Il y reste licencié jusqu'en 1978, avant d'intégrer en minimes le club de Trith-Saint-Léger.

1980-1985

Lors de la saison 1980-1981, alors qu'il joue en national au Valenciennes FC, il s'inscrit au concours d'entrée à l'INF Vichy.

L'un des directeurs du centre de formation retient Papin parmi les 30 joueurs qui composeront la nouvelle promotion de l'INF Vichy. Il y jouera de 1981 à 1984 et y gagnera une participation remarquée, puis il atteindra les 32ᵉ de finale de la Coupe de France la même année contre le FC Martigues d'Albert Domenech. Il est vainqueur du Groupe Centre de Division 3 en 1983 et vice-champion de France du Groupe Centre de Division 3 en 1984. Il devient officiellement professionnel en 1984 en signant à Valenciennes qui joue en Division 2. À Valenciennes, il côtoie Dominique Corroyer, Ludovic Batelli, Thierry Laurey et Daniel Moreira.

1985-1986

Plusieurs clubs se renseignent sur Papin dont les Girondins de Bordeaux, le LOSC, le RC Lens, le Séville FC et le FC Bruges. Mais le prix exigé par le président de Valenciennes est jugé trop élevé pour ces clubs. Quelques années plus tôt, en 1978, Bruges se hissa en finale de la Ligue des champions à Wembley. Il signera à Bruges, par la grâce du recruteur du club.

1986-1992
Allez l'OM !

Il signe en 1986 avec l'Olympique de Marseille. Pour sa première saison à Marseille, il joue notamment aux côtés de Joseph-Antoine Bell, José Anigo, Karl-Heinz Förster, Christophe Galtier, Jean-François Domergue, Bernard Genghini, Alain Giresse, Thierry Laurey, Diallo Abdoulaye. Le club marseillais termine deuxième du championnat derrière Bordeaux et est battu par cette même équipe lors de la finale de la Coupe de France. Ses prestations critiquées à la Coupe du monde 1986 et ses débuts mitigés à Marseille valent à Jean-Pierre Papin certains sobriquets désobligeants tels que JPP, « j'en plante pas », ou JPP, « j'en peux plus ».

« *La Papinade ne s'explique pas, ne se programme pas, ne s'enseigne pas. Elle tient au bonhomme, à ses neurones, à cette étonnante relation affective avec le ballon qui permet au joueur de jauger, tel un ordinateur, la trajectoire, la vitesse, le "poids" de l'objet, et de traduire instantanément l'angle de frappe et le dosage de celle-ci.* » (Source : *sofoot.com*/Alain Pécheral, *La Provence*)

L'Olympique de Marseille ne termine que sixième du Championnat, mais Papin remporte le titre de meilleur buteur du championnat (18 buts). Marseille réalise un joli parcours européen en Coupe d'Europe des vainqueurs de Coupe en se hissant jusqu'en demi-finale, battu par l'Ajax d'Amsterdam, vainqueur de l'édition précédente. Papin inscrit 4 buts lors de cette compétition.

1988-1989
Doublé Ligue 1 – Coupe de France

L'Olympique de Marseille recrute de nouveaux joueurs comme Éric Cantona, Bruno Germain, Gaëtan Huard, Franck Sauzée, Philippe Vercruysse, fait le doublé Championnat-Coupe de France. L'Olympique de Marseille remporte le titre (73 points à 70 points) devant le PSG. Papin termine meilleur buteur du championnat pour la deuxième fois consécutive (22 buts). L'Olympique de Marseille remporte la Coupe de France face à l'AS Monaco FC sur le score de 4 - 3. Papin a un rôle prépondérant dans ces succès avec trois buts inscrits en finale contre l'AS Monaco, sur un score de 4-3.

Le saviez-vous ?

La bise à Tonton ! Lors de la finale de la coupe de France, à la remise du trophée, Jean-Pierre Papin a demandé à François Mitterrand de lui faire la bise, ce que le chef de l'État a accepté en souriant. Une semaine avant la finale, le joueur avait parié qu'il embrasserait le président sur le front en cas de victoire, mais le moment venu, il a raconté n'avoir pas osé le faire.

Tapie : un bonus « sévèrement burné ! »

Tapie, on aime ou pas, ou bien on aime détester. Mais ce qu'il faut reconnaître, c'est que le personnage avait une capacité à rebondir hors normes qui aurait plutôt dû le diriger vers le basketball que vers le football. Alors, je ne vais pas entrer dans le détail de la biographie-fleuve de « Nanard l'indomptable », mais après un court résumé, type web, nous entrerons par la porte de derrière à l'OM, sans parti pris, je le précise. Les faits publiés et rien que les faits. Allez Valenciennes et allez l'OM !

Bernard Tapie fut dirigeant d'un groupe d'entreprises variées (et à géométries variables), et il fut très connu notamment comme propriétaire d'Adidas et de l'Olympique de Marseille, comme gérant du Groupe Bernard Tapie et comme propriétaire du Groupe La Provence, qui édite le journal du même nom, ainsi que de Corse-Matin. Bref, c'était un type ambitieux et aux idées larges comme aux compétences multiples.

Dans les années 1990, engagé en politique en tant que radical de gauche, il sera deux fois ministre de la Ville au sein du gouvernement Bérégovoy, puis député des Bouches-du-Rhône à deux reprises, député européen et enfin conseiller général des Bouches-du-Rhône. Sa carrière politique s'arrêtera en raison de ses ennuis judiciaires, comme c'était souvent le cas avec l'ineffable « Nanard ». Force est de constater qu'il ne sera certainement pas le dernier affairiste ni le dernier politique du reste à dîner en centrale.

Impliqué dans plusieurs scandales financiers, il sera condamné dans l'affaire VA-OM (qui lui vaut d'être emprisonné pendant près de six mois en 1997 et de faire l'ouverture du JT à plusieurs reprises par la même occasion, souvenez-vous du titre « Une nuit en prison avec Bernard Tapie dans le carré VIP de la Santé » (sic), puis dans l'affaire du Phocéa (un naufrage d'anthologie qui n'a rien à envier au Titanic, mais qui n'est pas loin de celui du Lusitania) et dans l'affaire Testut (où la balance de la justice se substitua au produit). Dans les années 2010, à la suite d'un arbitrage condamnant l'État à lui payer 403 millions d'euros d'indemnités dans le cadre de l'affaire du Crédit lyonnais, il sera de nouveau poursuivi, et jusque sur son lit de mort. À titre personnel, j'ai retiré mes économies et cassé mon livret A suite à cette affaire. Voilà pour l'essentiel, en faisant abstraction de ses duels télévisés avec Jean-Marie Le Pen, de son passé de chanteur, de son passé de présentateur télé, de ses livres ou de son parcours d'acteur, de la figure historique des *Guignols de l'info* et j'en passe. Tapie faisait partie du paysage médiatique français, et au stade Vélodrome, à sa mort, une chapelle ardente fut dressée où plusieurs milliers de personnes vinrent lui donner un dernier adieu.

À l'annonce de sa mort, qui n'était pas une surprise, Bernard Tapie allant jusqu'à médiatiser son cancer, assez généreusement et avec un message porteur d'espoir, j'ai ressenti un petit coup de blues. Tapie, c'est les années 90/2000, c'est ma prime jeunesse et des souvenirs éditoriaux par paquets de 100. Comme bien d'autres, il était une figure incontournable de cette France aujourd'hui disparue, comme ses présidents et la plus grande partie de ses artistes et sportifs, et puis vous savez ce que c'est : on critique, on critique, mais on s'attache. So long, Nanard !

L'OM de Bernard
Affaire VA-OM

En juin 1993, alors que Bernard Tapie s'apprête à remporter avec son club de football, l'Olympique de Marseille, la prestigieuse Ligue des champions, démarre l'affaire VA-OM. Le 22 mai, le club nordiste de l'US Valenciennes-Anzin, qui venait de recevoir l'Olympique de Marseille en championnat six jours avant la finale de la Ligue des champions OM-Milan AC, révèle l'existence d'une tentative de corruption. En juin, la Ligue nationale de football (LNF), porte plainte contre X, et le procureur de la République de Valenciennes ouvre une information judiciaire. Jean Pierre Bernès, le directeur général de l'OM, et quatre autres personnes sont mis en examen après des aveux de ses collaborateurs et la découverte de 250 000 francs enterrés dans un jardin. C'est le directeur général de l'OM qui sera désigné par les autres comme instigateur de la tentative de corruption.

Celui-ci nie d'abord les faits, et est placé en prison plusieurs semaines à titre préventif. Puis il déclare qu'il est bien à l'origine de la tentative de corruption, mais qu'il a agi sur ordre de Bernard Tapie, qui est mis en examen à son tour, d'abord au titre de la corruption, puis au titre de tentative de subornation de témoin, l'entraîneur de Valenciennes affirmant que Bernard Tapie l'a rencontré à son bureau et lui a demandé de déclarer une version le disculpant. Comme toujours avec Bernard Tapie, cette affaire divise profondément l'opinion publique. Les uns y voient la révélation de l'amoralité de Bernard Tapie, et les autres voient dans les proportions prises par cette affaire une chasse à l'homme avant tout politique et médiatique. Ah, les années Mitterrand, quelle régalade ! On ne savait plus où donner de la tête, comme disait Rocheteau.

En parallèle, l'affaire conduit le club à la faillite. Les instances françaises du football français conseillent à l'UEFA de ne pas valider la participation de l'OM aux coupes internationales. Ce qui entraîne une perte de près de 100 millions de francs dans son budget prévisionnel. Les salaires des joueurs ne pouvant pas légalement être baissés en proportion, Bernard Tapie décide de vendre les contrats de certains joueurs. C'est ainsi que la vente de trois joueurs en cours de saison (Alen Bokšić, Marcel Desailly et Paulo Futre) parvient à combler le déficit créé par la privation de compétitions internationales.

« Celui qui a mené le football français si haut
ne peut pas être à l'origine de sa chute. »

Par ailleurs, Tapie obtient d'un tribunal suisse (la Suisse étant le siège de l'UEFA) l'annulation de la sanction prise par l'UEFA de priver le club de Ligue des champions. Mais l'UEFA menace de suspendre toutes les équipes françaises de football, y compris l'Équipe de France, si l'OM ne retire pas son recours juridique. Ne souhaitant pas causer des sanctions sur tout le football français, et bien qu'ayant obtenu gain de cause devant la justice suisse, Bernard Tapie choisit de retirer son recours. Mais la Ligue nationale de football n'en aura pas moins de sévérité envers l'Olympique de Marseille : en sanction de l'affaire VA-OM, elle rétrograde le club en Ligue 2, et cela fait mal au portefeuille du club, car les recettes liées à la télévision sont le revenu essentiel des clubs, et celles de Ligue 2 étaient dix fois inférieures à celles de Ligue 1.

Allô, maman, bobo...

À la suite de cette affaire, Bernard Tapie déclarera en fin de parcours, après moult péripéties qu'il serait trop long d'évoquer ici : « Tant que je resterai président de l'OM, toutes les décisions relatives au club seront défavorables. Je dois donc partir. »
Il démissionne de la présidence de l'OM, et déclarera bien des années plus tard que ce jour fut « l'un des plus tristes de sa vie ».

Le saviez-vous ?

Case prison. Interrogé par *L'équipe* en 2009 sur le fait que Bernard Tapie soit le seul des inculpés de l'affaire OM/Valenciennes à avoir purgé une peine de prison, le procureur alors en charge de l'affaire, Éric de Montgolfier, déclarera :

« *S'il ne s'était pas agi de Bernard Tapie, il ne serait pas allé en prison pour cette affaire. Les faits ne le méritaient pas. Il a payé pour d'autres raisons.* »

Bernard Tapie va purger sa peine de prison, pendant près de six mois (sur huit fermes), les dernières semaines étant effectuées sous le régime de la semi-liberté. Il est d'abord placé à la prison de la Santé, où son entrée, au sein d'un fourgon blindé, est diffusée en direct au journal télévisé. Il purgera le reste de sa détention à Luynes, puis la semi-liberté aux Baumettes à Marseille. Interrogé par les médias, le directeur de l'administration pénitentiaire déclare qu'il sera placé dans le « quartier des particuliers ». Bernard Tapie a cependant le droit de recevoir des visites, parmi lesquelles celles de Bernard Kouchner, qui était ministre à ses côtés dans le gouvernement Bérégovoy. Kouchner rapportera qu'il découvre « un Bernard Tapie très affaibli, et pour la première fois, fragile ».

Revenons maintenant à Jean-Pierre Papin, après cette nécessaire incartade sur l'OM et son dirigeant légendaire.

Un as !

Papin finit meilleur buteur de la Coupe des clubs champions européens (6 buts). Le club phocéen conserve son titre national et Jean-Pierre Papin termine meilleur buteur du Championnat pour la troisième fois consécutive. Le club échoue en demi-finale de la Coupe de France. 1990-1991 : l'Olympique de Marseille remporte son troisième Championnat de France consécutif, et Papin termine à nouveau meilleur buteur. Il inscrit un quadruplé dans un match contre l'Olympique lyonnais, pour un score final de 7-0.

En Coupe des clubs champions européens, les Marseillais effectuent un beau parcours, en éliminant notamment le Milan AC en quart de finale, puis le Spartak Moscou en demi-finale. Alors qu'ils sont favoris pour cette 100e finale de Coupe d'Europe, ils perdent pourtant en finale contre l'Étoile rouge

Belgrade, en Italie. Les prolongations ne changent pas le score et le match se terminera aux tirs au but. Peu de temps après, l'OM perd une autre finale contre Monaco (1-0) pour la Coupe de France dans les arrêts de jeu. L'Olympique de Marseille manque de peu un triplé historique en France : Championnat, Coupe d'Europe et Coupe de France.

Papin finit la saison en meilleur buteur du Championnat de France (23 buts), de la Coupe de France (7 buts) et de la Coupe des clubs champions européens (6 buts) et remporte le Ballon d'or. En 1991-1992 : 5ᵉ titre de meilleur buteur de division 1. La saison suivante, les Marseillais sont champions de France pour la quatrième fois consécutive, mais ils sont éliminés en Coupe des clubs champions européens contre le Sparta Prague. Papin finit malgré tout meilleur buteur de la Coupe des clubs champions européens en étant éliminé très tôt dans la compétition (7 buts en 4 matchs).

Papin finit la saison en meilleur buteur du Championnat de France (27 buts), de la Coupe de France (4 buts) et de la Coupe des clubs champions européens (7 buts). Avec un total de 47 buts marqués sur l'ensemble de la saison (en comptant l'équipe de France), il devient le 3ᵉ meilleur buteur français de l'Histoire, toutes compétitions confondues sur une saison, derrière Just Fontaine (52 buts) et Roger Courtois (49 buts).

Papin dispute son dernier match au stade Vélodrome contre l'AS Cannes, le 25 avril 1992. Après avoir pris le micro au début du match pour annoncer son départ en Italie, pour le Milan AC, il offre la victoire à son club dans ce dernier match.

Milan AC (1992-1994)

Le Ballon d'or obtenu en 1991 et la victoire de l'OM en quart de finale de C1 contre le Milan AC ont convaincu les dirigeants du club italien de le recruter. Le Milan AC est considéré comme le meilleur club mondial à l'époque, et Papin fera l'objet du transfert le plus élevé de l'histoire du football.

Il finira en effet meilleur buteur du club milanais en Série A avec 13 buts. Le club remporte assez facilement le Championnat d'Italie. Pourtant, en 1993, Papin dispute et perd une nouvelle finale de Ligue des champions, et contre son ancien club, l'Olympique de Marseille. En 1993-1994 : Doublé Série A – Ligue des champions

Pour sa deuxième saison en Italie, Papin remporte son deuxième Scudetto. Battu par l'OM l'année précédente, le Milan AC prend sa revanche en s'imposant en finale de la Ligue des champions en écrasant 4 à 0 le FC Barcelone. L'année suivante, Jean Pierre Papin signe avec le Bayern Munich pour deux ans. Pour ses débuts dans la Bundesliga, il joue très peu avec au total sept matchs pour un but, principalement en raison de blessures à répétition. Il inscrit néanmoins le plus beau but de l'année du Championnat allemand, grâce à une nouvelle papinade. Le Bayern se fait éliminer dès le premier tour de la Coupe d'Allemagne. Le club bavarois se rattrape en Ligue des champions, en atteignant les demi-finales, surclassé par le futur vainqueur de la compétition, l'Ajax d'Amsterdam, 0 - 0 puis 2 - 5.

1995-1996 : Victoire en Ligue Europa. Sa deuxième saison en Allemagne n'est pas meilleure, avec seulement deux marques. Le Bayern termine à la deuxième place en championnat, mais remporte cependant la Ligue Europa, en battant en finale les Girondins de Bordeaux.

Girondins de Bordeaux (1996-1998)

Il rentre en France en 1996 en signant aux Girondins de Bordeaux et joue notamment aux côtés de Gilbert Bodart, Patrick Colleter, Ibrahim Ba, Johan Micoud, Stéphane Ziani et Didier Tholot. Sa première saison sous le maillot girondin est très satisfaisante. Il marque 16 buts en 32 matchs de Championnat (meilleur buteur du club), Rolland Courbis sachant utiliser au mieux son potentiel. L'équipe finit à la 4e place au classement et se qualifie pour la Coupe de l'UEFA. Papin dispute la finale de la Coupe de la Ligue, qu'il perd contre le Racing Club de Strasbourg, aux tirs au but après avoir éliminé l'Olympique de Marseille en huitièmes de finale.

Devant la montée en puissance de Sylvain Wiltord et de Lilian Laslandes, Papin voit son temps de jeu se réduire et prend le plus souvent place sur le banc lors de la deuxième partie de la saison 1997-1998. L'équipe finit à la 5e place au classement et se qualifie une nouvelle fois pour la Coupe de l'UEFA. Papin inscrit 6 buts en 23 matchs de Championnat.

Il est de nouveau finaliste en Coupe de la Ligue, cette fois-ci contre le Paris Saint-Germain, et c'est encore une défaite aux tirs au but. Papin finit 2e meilleur buteur de la Coupe de la Ligue avec 5 buts en 5 matchs derrière Stéphane Guivarc'h.

Bonus
Papin, révélation de la Coupe du monde 1986

Sa notoriété auprès du grand public en 1986 est grandissante, et il connaît sa première sélection contre l'Irlande du Nord le 26 février 1986 au Parc de Princes à Paris, où il est titulaire aux côtés de Dominique Rocheteau en attaque, devant Michel Platini et Alain Giresse et il joue les 90 minutes sans avoir joué en première division française. Il est appelé par l'entraîneur des Bleus Henri Michel pour remplacer José Touré, blessé, pour disputer la Coupe du monde 1986 au Mexique, où les Bleus termineront à la troisième place.

Il ne participe pas à la Coupe du monde 1990 à cause des échecs lors des éliminatoires, mais lors de la campagne de qualification pour l'Euro 1992, il termine 2e meilleur buteur des Éliminatoires du Championnat d'Europe de football 1992 avec neufs buts et l'équipe de France est la seule à gagner tous ses matchs éliminatoires, une première en Europe.

L'équipe de France de football, entraînée par Gérard Houllier, dispute les éliminatoires de la Coupe du monde 1994, mais débute mal (défaite 2-0 en Bulgarie), puis une série de 6 victoires contre l'Autriche, la Finlande, la Suède et Israël la replace en tête du groupe et en position favorable pour la qualification. Les Tricolores, minés par des querelles internes (rivalité OM-PSG), vont pourtant s'effondrer en concédant le match nul en Suède (1-1) et lors des deux derniers matchs disputés à domicile, avec en face la Bulgarie et Israël. La France sera alors privée d'une participation à la Coupe du monde. Papin était le capitaine des Bleus avant l'élimination en qualifications pour la Coupe du monde 1994. Il marque son dernier but en sélection en Turquie contre l'Azerbaïdjan (2-0) à la fin de l'année 1994. Papin dispute son dernier match international contre les Pays-Bas en janvier 1995.

En conclusion

Voilà pour l'essentiel du portrait de JPP (reviens !), avec un résumé choisi d'une carrière remarquable, mais tout cela, vous le saviez et vous nous avez lu pour le plaisir. JPP a fait son entrée, comme Cantona et Platini ou encore Guy Roux, Thierry Roland ou Bernard Tapie (à ce stade du livre) au panthéon du football tricolore, et c'est le public qui en atteste bien plus que les médias. JPP est une légende, même à Guingamp (il y est passé !), et peu importe qui osera dire le contraire, il ne sera pas entendu de toute façon.

JPP, comme Cantona, c'est le symbole des années magiques du football français, le temps de la revanche des héros, et cette ascension est sûrement la plus intéressante qui soit. Allez, c'est l'heure de mon Cacolac, alors je vous laisse avec une autre légende, mais cette fois-ci, de Saint-Étienne !

Bonus
Dominique Rocheteau dit « L'ange vert »

Dominique Rocheteau, né le 14 janvier 1955 à Saintes (Charente-Maritime), est un footballeur international français et dirigeant sportif. Joueur emblématique de l'AS Saint-Étienne pendant les années 1970 avec lequel il est Champion de France en 1974, 1975 et 1976, puis atteint la finale de la Coupe d'Europe des clubs champions en 1976, il joue ensuite au PSG où il remporte le Championnat de France en 1986 et dont il est à ce jour le cinquième meilleur buteur de l'histoire du club. Avec l'équipe de France, il remporte l'Euro 1984 et est deux fois demi-finaliste de la Coupe du monde, en 1982 et en 1986.

Nommé vice-président du conseil de surveillance de l'ASSE en 2010, il devient par la suite conseiller du président, puis coordinateur sportif.

En 2017, il est nommé au poste de directeur sportif, jusqu'en 2019, date à laquelle il prend sa retraite. Amoureux du Viêt Nam, Rocheteau créera aussi une académie de football au sud de Hô Chi Minh-Ville pour les jeunes du pays et en devient le conseiller technique bénévole.

La saga Aimé Jacquet

*« Le travail individuel permet de gagner un match,
mais c'est l'esprit d'équipe et l'intelligence collective
qui permettent de gagner la Coupe du monde. »*

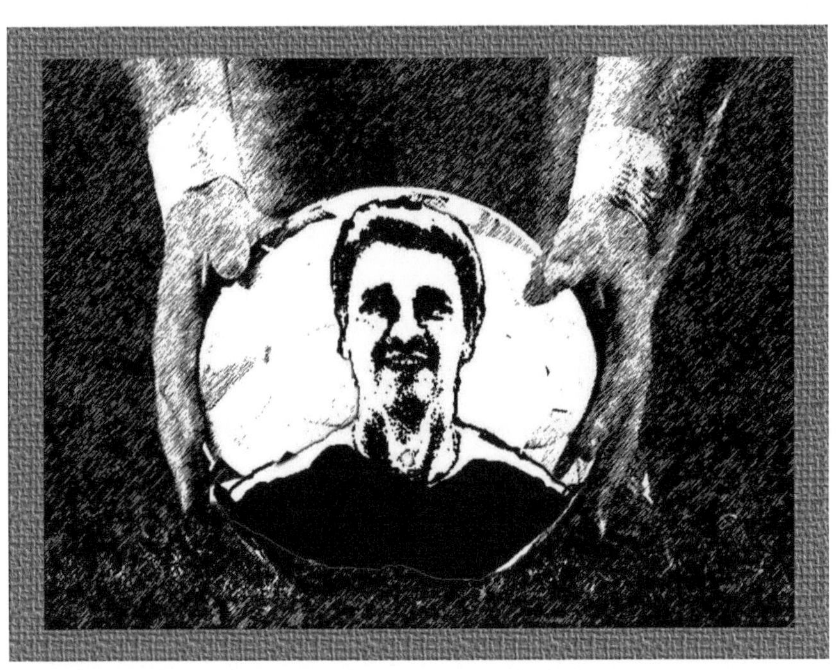

Aimé Jacquet, en bref et en foot

Le père la victoire

Aimé Jacquet est né le 27 novembre 1941 à Sail-sous-Couzan dans la Loire. C'est un ancien joueur et entraîneur international français de football. C'est un héros national, c'est le vainqueur de la Coupe du monde de football 1998 en tant que sélectionneur de l'équipe de France. Et c'est certainement une des personnalités les plus « Aimé » des Français.

On peut lire de lui qu'il s'est passionné pour le football dès le plus jeune âge, qu'il est d'origine modeste, imprégné de valeurs paysannes, et qu'il a commencé dans le domaine par une première licence au club amateur de son village, l'US Couzan. Alors qu'il n'a en poche qu'un CAP de métallurgiste pour tout diplôme. Son parcours est plus que surprenant. À croire que la fée du ballon rond s'est penchée avec passion sur son berceau.
Cet ancien joueur professionnel a débuté comme titulaire au milieu de terrain avec les « Verts » de Jean Snella puis d'Albert Batteux. *Disciple consciencieux et appliqué de ces deux entraîneurs charismatiques du championnat de France, Aimé Jacquet joue un rôle de régulateur sur le terrain et se porte garant du bon équilibre de l'équipe qui remporte de nombreux trophées.* Ensuite, après deux saisons avec l'Olympique lyonnais, il met un terme à sa carrière, en 1975. Il ne connaîtra que deux sélections en 1968 et 1973.

Un an plus tard, il sera entraîneur de l'Olympique lyonnais durant quatre ans, puis répondant à l'appel du président Claude Bez, il deviendra l'entraîneur des Girondins de Bordeaux, pendant neuf saisons, avec un certain succès. Arrivent également de nouveaux joueurs : René Girard, François Bracci, ainsi que Jean Fernandez et Marius Trésor, qui quittent l'OM relégué en deuxième division. Tous les ingrédients sont réunis pour partir à la conquête de l'Europe. Jacquet impose sa tactique en 4-4-2, ce qui implique que Gérard Soler et Albert Gemmrich, pourtant tous deux internationaux, alterneront sur le banc, puisque Bernard Lacombe est devenu un titulaire indiscutable.

En défense, Trésor et Bracci retrouvent une seconde jeunesse. En fin de compte, les Girondins terminent troisièmes du Championnat et obtiennent leur billet pour la Coupe de l'UEFA au terme de la saison 1980-1981.

La Coupe d'Europe s'arrête en seizièmes de finale à Hambourg. Le club termine en quatrième position du Championnat. Un grand nombre d'internationaux français et étrangers sont recrutés. Le groupe est alors composé notamment de Dropsy, Bracci, Domenech, Thouvenel, Specht, Tusseau, Trésor, Battiston, Girard, Tigana, Touré, Dieter Müller ou encore les jumeaux yougoslaves Zlatko et Zoran Vujović

Durant les années 1980, les Girondins vont devenir l'équipe phare du football français. Ils remportent trois titres en 1984, 1985 et 1987, deux Coupes de France en 1986 et 1987 et se qualifient chaque année pour les Coupes d'Europe.

Mais les Girondins ratent la consécration européenne deux fois. En 1985, ils sont battus en demi-finale de la Coupe des Champions par la Juventus, défaite 3-0 au match aller.

En 1987, ils sont éliminés en demi-finale de la Coupe des Coupes par le Lokomotive Leipzig. Battus 0-1 à l'aller, les Girondins s'imposent à Leipzig sur le même score et sont finalement éliminés lors de la séance des tirs au but.

Aimé Jacquet est limogé par le président Claude Bez en 1989 deux saisons après un « doublé Coupe-Championnat » réalisé avec une nouvelle génération de joueurs, parmi lesquels José Touré, Alain Roche, Jean-Marc Ferreri ou Philippe Vercruysse.

Le saviez-vous ?

Pendant ces années fastes, Bordeaux fournit aussi à l'équipe de France l'ossature de l'équipe victorieuse de l'Euro 1984 et demi-finaliste des Coupes du monde de 1982 et de 1986.

1998

L'année 1998, l'année du sacre, ce n'est pas si loin. Je me souviens de cette période assez précisément, c'était au début de la grande aventure des Bleus, et Aimé Jacquet passait pour un type austère, dépassé, représentant le football « à papa », voire pour un incompétent d'après la presse ; en bref, Aimé Jacquet devenait l'erreur d'un casting national. La victoire obtenue, c'était un héros. Un grand de grand. Tout autant que ses joueurs. Les portes du panthéon s'étaient ouvertes en grand et les orgues jouaient pour eux. Dommage que Malraux ne fût plus parmi nous.

Je me souviens même du coup de gueule de Pierre Arditi, à la télévision, dans je ne sais plus quelle émission, défendant non le travail d'Aimé Jacquet, mais sa présomption d'innocence. Je me rappelle ses paroles : « *Laissons-le faire, il sera bien temps de gueuler après !*», et de continuer sur le défaitisme et le pessimisme de la presse française en matière de sport et plus particulièrement lorsqu'il s'agit de l'équipe de France.

Mais revenons sur son parcours de sélectionneur et d'entraîneur de l'équipe de France. En 1991, il rejoint la Direction technique nationale du football français. Entre 1992 et 1993, Aimé Jacquet est le sélectionneur adjoint de Gérard Houllier. À la suite du fiasco des éliminatoires de la Coupe du monde de football 1994 (double défaite lors des deux derniers matchs à l'automne 1993 contre Israël et la Bulgarie alors que la France n'a qu'un point à prendre pour se qualifier), Aimé Jacquet est nommé sélectionneur de l'équipe de France, mais seulement à titre provisoire. En remplacement de Gérard Houllier, débarqué pour le coup. Bref, pour les mauvaises langues, de là à dire qu'il fut reçu premier dans un concours de circonstances, il n'y avait qu'un article.

Malgré une première série prometteuse de matchs amicaux, malgré qu'il réussisse à qualifier l'équipe de France pour le Championnat d'Europe de football 1996, ses choix tactiques déplaisent et font tiquer, c'est le moins que l'on puisse dire. La stratégie de Jacquet, c'était du chinois dans le texte.

Fan de Cantona, je me rappelle avoir insulté ma radio quand j'ai compris que ni Papin ni Cantona ne serait présent pour défendre les couleurs de la France au mondial avec ce sélectionneur. Au cours de cette laborieuse phase de qualification, marquée par une étonnante série de matchs nuls, marquée aussi par l'absence d'éclats et de faits notables, Ginola, et comme je l'évoquais précédemment, Jean-Pierre Papin et Éric Cantona sortent peu à peu du jeu des Bleus, et en dehors d'énerver leurs supporters, la presse en fait ses choux gras. Mais, mine de peler des patates, comme disait mon adjudant, Jacquet met petit à petit son équipe en place, comme il la voit et comme il le ressent, sans au final, et ce sera porteur, jouer le jeu avec le who's who footballistique international. Didier Deschamps et Laurent Blanc seront ses deux principaux atouts au sein du groupe. Avec les succès et les malchances respectives qu'on leur connaît.

C'est dans les mois qui suivent l'Euro 1996 que les choses se gâtent réellement pour Jacquet. Qualifié d'office pour la Coupe du monde 1998 en tant que pays organisateur, *les matchs de préparation s'enchaînent et l'équipe de France peine à offrir un visage séduisant.* C'est ce type de critiques que l'on pouvait lire dans les journaux. Quant aux commentateurs sportifs, ils réclamaient le retour aux commandes d'Hidalgo ou même de Platini. Tout sauf Jacquet, en clair.
Adepte d'un schéma tactique défensif « frileux » et ne parvenant pas à animer l'offensive de l'équipe de France, par ses décisions propres privée de ses attaquants stars, Jacquet énerve vraiment, et pas seulement dans les milieux autorisés. La presse spécialisée avec le quotidien *L'Équipe* en tête de file, ainsi que la presse généraliste, critiquent vertement le sélectionneur national de football. L'inquiétude est telle que le moindre média s'empare de la situation critiquée des Bleus pour lancer des S.O.S. C'est autant de bouteilles à la mer, car Jacquet ne change rien à son programme. Le bonhomme se fait qualifier de « dinosaure », de « tacticien frustré », et de, et c'est celle que je préfère, « laborieux du ballon rond ». Pour l'anecdote, j'ai lu, pendant mes recherches pour écrire cette partie du livre, une expression particulièrement vacharde et qui est la suivante : Aimé Jacquet est le « tue-l'amour du rond central ».
La remarque n'est pas sans évoquer un endroit que, comme dirait Brassens, ma mère m'a rigoureusement défendu de nommer ici.

Les choses s'aggravent lors du Tournoi de France de juin 1997 face aux trois autres pays participants, à savoir le Brésil, l'Italie et l'Angleterre, car la France ne gagne aucun des matchs. Et le moins que l'on puisse dire, c'est que le jeu imposé par l'entraîneur des Bleus ne fait pas d'étincelles. On ne le comprend pas et on ne l'aime pas.

Jacquet est aussi pris pour cible à cause de ses origines paysannes qui transparaissent dans son phrasé comme dans son comportement devant les médias. Une autre polémique naît en mai 98, quand il présente une sélection de 28 joueurs au lieu de 22 (pourtant, depuis, ce cas fait école, paraît-il).

Pour la presse internationale et surtout pour la presse française, les Bleus ne seront pas à la hauteur de l'évènement et justement, le hic, c'est que l'évènement a lieu en France.

Et 1 et 2 et 3-0

Je me souviens très bien que beaucoup de gens engageaient des paris sur les défaites et non sur les victoires possibles de l'équipe de France. Pourtant, le déroulement de la Coupe du monde va donner raison au sélectionneur national : après avoir qualifié l'équipe de France en 8e, quart et demi-finale, Aimé Jacquet atteint la consécration le 12 juillet 1998, lorsque la France bat le Brésil 3-0 en finale de la Coupe du monde au Stade de France. Pourtant, si cette extraordinaire épopée que vous connaissez a bien eu lieu et s'est soldée par une victoire incroyable, une chose est certaine : le chemin a dû paraître long à l'entraîneur de l'équipe de France entre le coup d'envoi du premier match éliminatoire et le défilé sur les Champs-Élysées !
Quoi qu'il en soit, 24 ans après, les Bleus de 1998 sont la référence absolue du football français, du crâne de Fabien Barthez en passant par les actions improbables de Lilian Thuram.

Le parcours de l'équipe de France vers le titre à domicile n'était pas des plus aisés : les Bleus, premiers de leur groupe à l'issue du premier tour avec trois victoires, battent le Paraguay 1-0 en huitièmes de finale sur un but en or marqué en prolongations par Laurent Blanc, ils éliminent ensuite l'Italie aux tirs au but (4-3) au terme d'un match au score vierge, puis viennent à bout de la Croatie en demi-finale grâce au plus improbable des buteurs : le défenseur Lilian Thuram qui marque à deux reprises pour la seule fois de sa longue carrière internationale (2-1). Au cours de la finale face aux tenants du titre brésiliens, qualifiés de leur côté contre les Pays-Bas, Zinédine Zidane marque deux buts de la tête sur corner en première mi-temps, puis Emmanuel Petit parachève le score (3-0).

Le soir, sur les Champs-Élysées, un million et demi de personnes fêtent la victoire des Bleus.

Le saviez-vous ?

Ce Mondial, avec un total de 171 buts, est le plus riche en buts de l'histoire de la Coupe du monde.

Bonus
La petite et la grande histoire du Mondial 1998

La Coupe du monde de football 1998 est la seizième édition et se déroule en France du 10 juin au 12 juillet 1998. C'est la seconde fois que la France organise la Coupe du monde (1938). La candidature française prend son origine le 21 juillet 1983. Le président de la Fédération française de football (FFF) Fernand Sastre signifie à la FIFA l'intention de la France d'organiser à nouveau la Coupe du monde de football en 1990 après avoir déjà accueilli le tournoi en 1938. Si la Fédération italienne de football devait également postuler pour la Coupe du monde de 1990, la Fédération française prévoit de reporter sa candidature pour le tournoi 1998. La désignation du pays hôte a lieu le 2 juillet 1992 au siège de la FIFA à Zurich et est retransmise en direct sur TF1 et Canal+. Le comité exécutif de la FIFA attribue l'organisation de l'évènement à la France, qui obtient au premier tour douze voix contre sept en faveur du Maroc. Il s'agit du premier Mondial à réunir trente-deux équipes en phase finale. Un tournoi amical, le Tournoi de France, est disputé en 1997 en guise de préparation à l'organisation de l'évènement. Le président de la République François Mitterrand rend officielle la candidature française le 26 janvier 1989 par un courrier à la FIFA L'organisation de la Coupe du monde de 1998 est déléguée par la FIFA à la Fédération française de football. Le Comité français d'organisation (CFO) est dirigé par deux coprésidents : Fernand Sastre, ancien président de la FFF et initiateur de la candidature française, et Michel Platini, champion d'Europe 1984.

Les 174 équipes voulant concourir doivent toutes passer par une phase de qualification, à l'exception de deux équipes nationales, France et Brésil. Chaque confédération continentale organise alors une compétition qualificative propre. Le nombre d'équipes qualifiées dans chaque confédération est défini à l'avance :

* Union des associations européennes de football (UEFA) : 15 places pour 52 équipes.
* Confédération sud-américaine de football (CONMEBOL) : 5 places pour 10 équipes.
* Confédération de football d'Amérique du Nord, d'Amérique centrale et des Caraïbes (CONCACAF) : 3 places pour 30 équipes.
* Confédération africaine de football (CAF) : 5 places pour 36 équipes.
* Confédération asiatique de football (AFC) : 3 ou 4 places pour 36 équipes.
* Confédération du football d'Océanie (OFC) : 0 ou 1 place pour 10 équipes.

Le nombre définitif de places allouées à l'AFC et à l'OFC dépend du résultat du barrage intercontinental entre deux représentants de ces zones, le vainqueur de ce barrage étant qualifié pour la Coupe du monde.

Le tournoi de France

Un tournoi amical, le Tournoi de France, est disputé en France du 3 au 11 juin 1997 en guise de préparation à la Coupe du monde qui a lieu un an plus tard. Les quatre équipes participant à ce tournoi sont l'Angleterre, le Brésil, la France et l'Italie. Le tournoi se déroulait sous la forme d'une poule unique, chaque équipe disputant trois matchs et l'équipe terminant en tête remportant le tournoi. C'est l'équipe d'Angleterre qui remporta le tournoi grâce à deux victoires contre l'Italie et la France et malgré une défaite contre le Brésil.

La Coupe (après les coupures)

Le tirage au sort de la phase qualificative se tient au Carrousel du Louvre à Paris le 12 décembre 1995. La compétition se déroule du 1er mars 1996 au 16 novembre 1997 et permet à 3 équipes nord-américaines, 4 sud-américaines, 14 européennes, 5 africaines et 4 asiatiques d'obtenir leur place pour la Coupe du monde 1998. Aucune équipe d'Océanie ne parvient à se qualifier.

Mais on remarque que quatre sélections participent pour la première fois au mondial : l'Afrique du Sud, la Croatie, la Jamaïque et le Japon. Parmi les coups de théâtre des débuts de cette Coupe, on note l'élimination de la République tchèque, pourtant finaliste au Championnat d'Europe de football 1996, de la Suède, de l'Uruguay, du Portugal et de la Russie.

Les 32 équipes nationales qualifiées pour la phase finale de la Coupe du monde 1998 sont donc, dans la bonne humeur et dans le désordre : l'Allemagne, l'Angleterre, l'Autriche, la Belgique, la Bulgarie, la Croatie, le Danemark, l'Écosse, l'Espagne, la France, l'Italie, la Norvège, les Pays-Bas, la Roumanie, la Yougoslavie, l'Argentine, le Brésil, le Chili, la Colombie, le Paraguay, l'Afrique du Sud, le Cameroun, le Maroc, le Nigéria, la Tunisie, les États-Unis, la Jamaïque (*Yeh man !*), le Mexique, l'Arabie saoudite, la Corée du Sud (au nord, rien de nouveau), l'Iran, et pour finir le Japon (*Domo arigato gozaimashita*).

Le tirage au sort de la phase finale est effectué le 4 décembre au stade Vélodrome de Marseille. Il est retransmis sur TF1. Le tirage au sort est fait par 5 joueurs et une joueuse ayant disputé au moins une Coupe du monde : Franz Beckenbauer, Julie Foudy, Georges Carnus, Jean-Pierre Papin, Raymond Kopa et Marius Trésor, ainsi que par Carlos Alberto Parreira, entraîneur tenant du titre de champion du monde avec le Brésil. Les modalités suivantes sont appliquées pour le tirage au sort : le Brésil (champion sortant) et la France (organisateur) sont les seuls à connaître leur affectation de groupe avant le tirage. Compte tenu du tableau défini pour la phase à élimination directe, cet artifice évite que les deux équipes puissent se rencontrer avant la finale si elles se qualifient en terminant en même temps, soit premières soit deuxièmes de leurs groupes respectifs.
L'Italie, l'Espagne, les Pays-Bas, l'Allemagne, la Roumanie et l'Argentine (qui, avec le Brésil, ont obtenu le plus de points sur les deux précédentes Coupes du monde) sont têtes de séries. Pour les 24 autres nations, réparties dans trois chapeaux de huit équipes, le tirage au sort respecte des critères géographiques afin d'éviter que des nations de même confédération s'affrontent au premier tour, à l'exception des nations européennes qui peuvent être deux au maximum par groupe.

Bonus
Les dieux du stade
Coupe du monde de football 1998

* Âge moyen des joueurs : 27 ans et 8 mois.
* Le joueur le plus jeune est le Camerounais Samuel Eto'o (17 ans).
* Le plus âgé est l'Écossais Jim Leighton (39 ans et 10 mois).
* Les 32 équipes sont réparties dans huit groupes (numérotés en lettres, de A à H).
* Le Brésil remporte le match d'ouverture contre l'Écosse sur le score de 2-1.
* Lors de la seconde journée, l'Italie bat le Cameroun trois buts à zéro. Lors de la dernière journée, l'Italie assure sa qualification en battant l'Autriche.
* Avec 9 points, 3 matchs gagnés, 9 buts marqués et 1 seul but encaissé, la France présente le meilleur bilan des 8 groupes.
* Zinédine Zidane sera suspendu pour 2 matchs, coupable d'avoir marché sur le capitaine saoudien Fuad Amin.
* Dugarry offre le premier but français de la compétition.
* Les Italiens battent les Norvégiens en huitièmes de finale de la Coupe du monde. Le seul but du match est inscrit par Christian Vieri. Score : 1-0
* France-Paraguay, stade Félix-Bollaert, Lens. But en or. Pour la première fois en Coupe du monde, la règle du but en or en prolongation est appliquée. Ce sont les hôtes français qui en profitent en éliminant le Paraguay.
* Brésil-Chili, Parc des Princes, Paris. Score et match impitoyables du Brésil contre l'équipe nationale du Chili : 4-1.

Les matchs de la Coupe
Italie – France. Stade de France, Paris
Quarts de finale

Vendredi 3 juillet 1998
France 0-0 Italie (4-3 tab)

La feuille de match :

Spectateurs :
* 78 000

Arbitre :
* M. Hugh Dallas (Écosse)

Tirs au but manqués :
* Albertini et Di Biagio pour l'Italie
* Lizarazu pour la France

Composition de l'équipe de France :
* Barthez, Thuram, Blanc, Desailly, Lizarazu, Deschamps, Petit, Karembeu (Henry 65e), Zidane, Djorkaeff, Guivarc'h (Trezeguet 65e)

Entraîneur :
* Aimé Jacquet

Composizioni de la Squadra Azzura :
* Pagliuca, Bergomi, Cannavaro, Costacurta, Maldini, Pessotto (Di Livio 90e), Di Biagio, D. Baggio (Albertini 52e), Moriero, Del Piero (R. Baggio 67e), Vieri

Entraîneur :
* Cesare Maldini

Le contexte :
* Au tour précédent, les deux équipes se sont difficilement qualifiées toutes deux sur le score de 1-0. Les Italiens ont battu la Norvège sur un but de Vieri, les Français ont éliminé le Paraguay à la 113e minute de la prolongation sur un but de Laurent Blanc.

* Zinédine Zidane est de retour après deux matchs de suspension. Le troi-sième milieu récupérateur est Karembeu et il épaule Deschamps et Petit dans l'entrejeu et Guivarc'h est seul en pointe (soutenu par Djorkaeff et Zidane).
* Côté italien, ce sont Del Piero et Vieri qui sont chargés de l'offensive.

Les faits du match

* Les deux équipes se connaissent bien, se neutralisent et les occasions sont rares. Zidane et Del Piero tentent d'imposer leur virtuosité tech-nique, Djorkaeff essaie quelques frappes sans succès. Côté italien, Vieri force l'admiration avec son prodigieux jeu de tête, mais la défense des Bleus est solide.
* À la 65e minute, la France effectue deux changements simultanés. Henry et Trezeguet remplacent Karembeu et Guivarc'h.
* Côté italien, Roberto Baggio remplace Del Piero à la 67e minute.
* Malgré les changements, le score reste de 0-0 : la qualification va se jouer aux tirs au but.

Stop ! Il y a des dates qui marquent. Je me souviens très bien de cette fin de journée, il n'est pas loin de 18 h, je suis chez moi en Bretagne, et l'apéro est en cours dans toute la ville. Étrangement, bien qu'en plein centre, la circula-tion est très fluide. Je me gare en vrac, je coupe l'autoradio et fonce vers le comptoir de mon bar de quartier. J'entre, et c'est la messe. Personne ne parle. La télé, c'est Dieu, et au bout de ce match, c'est le paradis, ou l'enfer !

* Zidane et Biagio ouvrent la voie et marquent tous les deux.
* C'est au tour de Lizarazu : balle molle.
* Barthez remet les deux équipes à égalité en arrêtant le tir d'Albertini.
* David Trezeguet marque.
* Costacurta marque !
* Les deux équipes sont à 2-2.
* Henry, marque.
* Vieri marque !
* 3-3.

À ce stade, il y eut plusieurs décès un peu partout dans le pays : l'apnée, c'est tout de même dangereux quand on est pas entraîné.

* Laurent Blanc marque pour la France. Si Di Biagio rate son tir, la France est en demi-finale. L'Italien frappe en force. Le ballon prend de la hauteur. Trop. Il frappe sur la barre transversale.
* 4-3. La France est qualifiée !
* Stade de la Beaujoire, Nantes. Le Brésil vient à bout du Danemark sur le score de 3-2 et se retrouve une nouvelle fois en demi-finale.
* Demi-finale Brésil-Pays-Bas, stade Vélodrome, Marseille. Le Brésil élimine les Pays-Bas. Grâce à une séance de tirs au but victorieuse, le Brésil se prépare ainsi à disputer sa deuxième finale d'affilée.

France – Croatie, Stade de France

La France encaisse le premier but en début de seconde mi-temps, et doit sa qualification pour la finale à Lilian Thuram qui égalise puis inscrit le but de la qualification pour la finale de la Coupe du monde à vingt minutes de la fin du match. Ce sont les deux seuls buts marqués par le défenseur Thuram en 142 sélections en équipe de France.

* Thuram : But inscrit après 70 minutes (0-0).
* Blanc : Carton rouge 76 minutes.
* En battant les Pays-Bas 2 à 1, la Croatie obtient la troisième place du Mondial pour sa toute première participation.

Finale Brésil-France, stade de France, Saint-Denis
12 juillet 1998

* But inscrit après 27 minutes 27e Zidane (Petit : Passe décisive)
* But inscrit après 45+1 minutes Zidane (Djorkaeff : Passe décisive)
* But inscrit après 90+3 minutes 90+3e Petit (Vieira : Passe décisive)

Arbitrage :
* Saïd Belqola

* Prenant la main dès le coup d'envoi, la France monte à l'assaut. En l'espace de quelques minutes, Stéphane Guivarc'h se retrouve à deux reprises en passe de marquer (passe de Didier Deschamps), puis sur une ouverture de Zidane. Mais Guivarc'h n'y arrive pas. Un corner à la 27e minute tiré par Emmanuel Petit, le corner trouve la tête de Zidane qui ouvre le score. 1-0 pour la France.
* Nouveau corner, côté gauche cette fois, tiré par Djorkaeff. Démarqué au beau milieu de la défense brésilienne, Zidane inscrit de la tête le deuxième but français. 2-0 pour la France.
* En seconde période, le Brésil décide de jouer l'attaque. Ils se créent une nouvelle occasion lorsque Ronaldo frappe au but. Mais Barthez bloque le ballon de l'attaquant brésilien.
* À la 67e minute avec l'expulsion de Marcel Desailly, réduits à dix, les Français subissent les attaques des Brésiliens.
* Alors que le temps réglementaire s'achève, Lilian Thuram tire mal un corner, que Dugarry récupère et passe à Vieira, qui passe à Petit qui se lance seul vers le but brésilien. La frappe croisée du Français termine dans les filets.
* 3-0 pour les Bleus. La France devient championne du monde de football pour la première fois de son histoire

---

Le saviez-vous ?

Petit, lors de cette finale, marque le 1 000e but de l'histoire de l'équipe de France. Un total de 171 buts sont marqués à l'occasion des 64 rencontres disputées, ce qui donne une moyenne de 2,67 buts inscrits par match devant 43 366 spectateurs par rencontre (2 775 400 au total). 18 penaltys sont accordés. Sur les 64 rencontres, 45 sont des victoires, 19 des matchs nuls dont trois se terminant aux tirs au but (France-Italie, Argentine-Angleterre et Brésil-Pays-Bas). 1 seule rencontre se termine par un but en or (France-Paraguay en 1/8). Laurent Blanc (FRA) devient à cette occasion le 1er buteur en Coupe du monde lors d'un match se terminant sur un but en or.

Bonus
Les meilleurs buteurs de la Coupe du monde 1998

* 6 buts inscrits : Davor Šuker (dont 1 pénalty)

* 5 buts inscrits : Gabriel Batistuta (dont 2 pénaltys)

* 4 buts inscrits : Ronaldo, Marcelo Salas, Luis Hernández (dont 1 pénalty)

* 3 buts inscrits : Oliver Bierhoff, Jürgen Klinsmann, Bebeto, Rivaldo, César Sampaio, **Thierry Henry**, Dennis Bergkamp

* 2 buts inscrits : Shaun Bartlett (dont 1 pénalty), Michael Owen, Alan Shearer (dont 1 pénalty), Ariel Ortega, Marc Wilmots, Robert Prosinečki, Brian Laudrup, Fernando Hierro (dont 1 pénalty), Fernando Morientes, **Emmanuel Petit**, **Lilian Thuram**, **Zinédine Zidane,** Roberto Baggio (dont 1 pénalty), Theodore Whitmore, Salaheddine Bassir, Hadda Ricardo Peláez, Phillip Cocu, Ronald de Boer, Patrick Kluivert, Viorel Moldovan, Slobodan Komljenović

* 1 but inscrit : Benedict McCarthy, Andreas Möller, Darren Anderton, David Beckham, Paul Scholes, Sami al-Jaber (dont 1 pénalty), Youssef al-Thuniyan (dont 1 pénalty), Claudio López, Javier Zanetti, Andreas Herzog (dont 1 pénalty), Anton Polster, Ivica Vastić, Luc Nilis, Emil Kostadinov, Patrick Mboma, Pierre Njanka, Léider Preciado, Ha Seok-ju, Yoo Sang-chul, José Luis Sierra, Robert Jarni, Mario Stanić, Goran Vlaović, Thomas Helveg, Martin Jørgensen, Michael Laudrup (dont 1 pénalty), Peter Møller, Allan Nielsen, Marc Rieper, Ebbe Sand, Craig Burley, John Collins (dont 1 pénalty), Luis Enrique, Kiko Raúl, Brian McBride, **Laurent Blanc**, **Youri Djorkaeff (dont 1 pénalty)**, **Christophe Dugarry**, **Bixente Lizarazu**, **David Trezeguet**, Hamidreza Estili, Mehdi Mahdavikia, Luigi Di Biagio, Robert Earle, Masashi Nakayama, Mustapha Hadji, Cuauhtémoc Blanco, Alberto García Aspe (dont 1 pénalty), Mutiu Adepoju, Tijjani Babangida, Victor Ikpeba, Sunday Oliseh, Wilson Oruma, Dan Eggen, Håvard Flo, Tore André Flo, Kjetil Rekdal (dont 1 pénalty), Celso Ayala, Miguel Ángel Benítez, José Cardozo, Edgar Davids, Marc Overmars, Pierre van Hooijdonk, Boudewijn Zenden, Adrian Ilie, Dan Petrescu, Skander Souayah (dont 1 pénalty), Siniša Mihajlović, Predrag Mijatović, Dragan Stojković

Des Prix parmi d'autres

* Meilleur gardien : Fabien Barthez
* But le plus rapide : Celso Ayala
* Prix du fair-play : Angleterre-France
* Équipe la plus spectaculaire : France

« C'est beau un monde qui joue ! »

Les rencontres de la Coupe du monde sont retransmises dans 200 pays. Ce sont 818 photographes qui sont accrédités pour le tournoi. À chaque rencontre, une tribune est réservée aux médias. Le nombre de places qui leur est accordé atteint son maximum pour la finale, où 1 750 reporters et 110 commentateurs de télévision sont présents en tribune.

Le saviez-vous ?

Effet Mondial ? Un « effet Mondial » a souvent été évoqué, notamment pour qualifier l'impact positif sur l'économie de la France (dopage de la croissance et amélioration du moral des ménages), mais des études rétrospectives ont montré l'absence de « miracle économique » et attribuent même ce supposé effet économique à « une construction médiatique ». L'effet ponctuel est cependant indéniable : « La presse sportive augmente sa diffusion et les droits télévisés connaissent une inflation qui profite aux clubs professionnels dont le nombre d'abonnés et de spectateurs vient d'augmenter, sans oublier les effets bénéfiques sur les partenaires des Bleus (marques). Les retombées sportives sont transitoires, puisque les clubs de jeunes accueillent un mini baby-boom avec une augmentation de 12 % de licenciés. »

Bonus
Jacques Chirac et le football

Jacques Chirac et le football, c'est toute une histoire… et des éclats de rire en cascades. J'aimais, comme beaucoup de Français, ce lion politique, et j'avais, comme tout le monde ou presque, de la tendresse pour le personnage. Mais le ballon, ce n'était pas son truc, et comme les sumos jouent rarement au foot, forcément, il était un tantinet décalé du tatami sur le sujet.

Originaire de Corrèze, comme vous le savez, qui est une terre d'Ovalie, à crampons, Jacques Chirac ne s'est pourtant jamais passionné plus que ça pour le rugby. Tant mieux vous allez me dire, parce que c'est le ballon rond qui a clairement marqué sa présidence. Alors ? On le verra partout, partout où se joue une finale d'importance. Qu'elle soit nationale ou internationale. Jacques ? C'était un supporter. Non averti, mais joyeux. D'autant que, comme disait « maman », c'était une occasion pour lui de grimper dans les sondages.

Allez ! On se fait plaisir, voici quelques souvenirs rafraîchis par des articles de presse, de *L'Est républicain* notamment, retranscris à la bonne franquette, une main sur le clavier et dans l'autre une Corona.

Le 11 mai 2002, une bonne colère, avant la finale de la Coupe de France Lorient-Bastia, lorsque *La Marseillaise* avait été sifflée par les supporters corses. Il avait quitté la tribune, pour bien marquer les esprits et stigmatiser la différence avec le laxisme de l'État, un an plus tôt, à l'occasion du France-Algérie du 6 octobre 2001.

Il venait d'inaugurer le stade de France en ce mois de janvier 1998, et fin devinée, il a soutenu publiquement les Bleus d'Aimé Jacquet, pourtant critiqués de toutes parts, avant le Mondial. Directement associé ensuite au sacre de la « bande à Zizou » le 12 juillet 1998. Il a gagné 16 % d'opinion favorable et c'était la troisième mi-temps à l'Élysée ! Ni petite crotte ni couille molle n'en avait profité, d'après les *Guignols de l'info*.

Citons encore cet extrait d'article de *L'Est républicain* : « *Même deux maladresses, devenues cultes, l'ont rendu plus humain et plus sympathique que jamais : son play-back à l'annonce des joueurs par le speaker en finale contre le Brésil puis sa confusion entre la Coupe de France et la Coupe du Monde au micro en pleine garden-party à l'Élysée avec les néo-champions du monde, le 14 juillet de cette même année.* »

Eh oui, il était comme ça notre président, et surtout, il était rassurant, humain et bienveillant, du moins autant que l'exercice de la politique le permette.

C'était de belles années, non ?

La saga Zinédine Zidane

« Je suis censé donner l'exemple aux jeunes joueurs. »

Zidane en bref et en foot
1,85 m de talent

L'ancienne génération, nos vieux pour faire simple, avaient tendance à établir une filiation entre Kopa, Platini et Zidane. Milieu de terrain offensif, meneurs de jeu incontestés, comme les deux autres, c'est d'ailleurs le rôle qu'il tiendra au sein de l'équipe de France. D'ailleurs, comme pour Platini, on disait : il va marquer.

Que voulez-vous écrire de plus sur Zidane que ce que tout le monde a observé ; son jeu est technique, sans failles, il affectionne particulièrement les passements de jambes et la roulette, ses passes et ses solutions de jeu s'avèrent souvent décisives et c'est un leader qui sait motiver ses coéquipiers. Zidane « *a une histoire d'amour avec le ballon* », comme l'expliquait Roger Lemerre. Pour ma part je dirais que Zidane le contrôle, cuir et air compris, et pis c'est tout, comme le stipule la formule consacrée et sportive en natation. Reste que pour un droitier, il n'est pas maladroit du gauche, quant à se rappeler l'ordre dans lequel il enfile ses chaussettes, franchement, j'ai un trou. Que voulez-vous, tout le monde n'a pas le jeu de tête de Zizou. Pour finir ce bref portrait et avant de rentrer un peu plus dans les détails, cette tête de mule, parce que c'en est une, esut souvent décrite comme un numéro 10 « à l'ancienne », avec pour moi toute la noblesse qu'amène l'expression, et c'est tant mieux, parce que le foot français n'est pas un lapin de trois semaines. Et lui non plus.

Le saviez-vous ?

Zidane VS Cantona. Mauvais garçon et impulsif sur gazon lui aussi, il est coupable de plusieurs coups de sang et « mauvais gestes », il reçoit au total quatorze cartons rouges durant sa carrière. Il en a reçu trois avec Bordeaux, six avec la Juventus, trois avec le Real Madrid et deux en équipe de France. Zinédine Zidane est le quatrième joueur à avoir été expulsé en finale de Coupe du monde après Pedro Monzón, Gustavo Dezotti en 1990 et Marcel Desailly en 1998, ainsi que le second joueur avec Rigobert Song à avoir été exclu deux fois en Coupe du monde.

Le champion du monde est né le 23 juin 1972 à Marseille, ce qui fait qu'il fête son demi-siècle au moment où je tape ces lignes. Comme le temps passe vite. L'homme est considéré comme l'un des plus grands joueurs de l'histoire du football français, et ce n'est pas du côté des Girondins de Bordeaux, ni de la Juv ou du Real qu'on vous contrariera si vous avancez cet argument. Les titres, gloires et récompenses de notre Zizou national feraient déprimer note imprimeur, c'est le cas de le dire, si on devait tous les lister ici. Aussi, nous allons seulement citer les principaux, que voici :

Buts internationaux et sélections en équipe de France

* Médaillé de bronze aux Jeux méditerranéens de 1993 avec les Espoirs
* 108 sélections entre le 17 août 1994 et le 9 juillet 2006
* 31 buts (19 du pied droit, 7 du pied gauche et 5 de la tête), dont 6 pénaltys et 2 coups francs
* 25 fois capitaine
* Champion du monde 1998
* Finaliste de la Coupe du monde 2006
* Champion d'Europe 2000

Avec la Juventus :
* Championnat d'Italie : Champion : 1997 et 1998
* Supercoupe d'Italie : Vainqueur : 1997 et finaliste en 1998
* Ligue des champions : Finaliste : 1997 et 1998
* Supercoupe de l'UEFA : Vainqueur : 1996
* Coupe Intertoto : Vainqueur : 1999
* Coupe intercontinentale : Vainqueur : 1996

Avec le Real :
* Championnat d'Espagne : Champion : 2003
* Coupe d'Espagne : Finaliste : 2002 et 2004
* Supercoupe d'Espagne : Vainqueur : 2001 et 2003
* Ligue des champions : Vainqueur : 2002

* Supercoupe de l'UEFA : Vainqueur : 2002
* Coupe intercontinentale : Vainqueur : 2002

Avec les Girondins :
* Coupe UEFA : Finaliste : 1996
* Coupe Intertoto : Vainqueur : 1995

En solo

* Il est désigné meilleur joueur européen des cinquante dernières années par l'UEFA en 2004.
* Il est cité parmi les 125 meilleurs joueurs mondiaux encore vivants en 2004, dans un classement conjoint de Pelé et de la FIFA.
* Il est à trois reprises nommé meilleur joueur mondial de l'année par la FIFA, en 1998, 2000 et 2003, et remporte le Ballon d'or en 1998.
* Deux fois classé second meilleur joueur français de tous les temps par le magazine *France Football* (pour *L'Équipe*, le meilleur footballeur français de l'histoire).
* En 2011, il est élu meilleur joueur de la Ligue des champions des vingt dernières années par l'UEFA.
* Membre de l'équipe UEFA du XXIe siècle, du Onze des Légendes de l'Euro (meilleure équipe de l'histoire du Championnat d'Europe), de la FIFA World Cup Dream Team (meilleure équipe de l'histoire de la Coupe du monde) et de la Dream Team World Soccer (meilleure équipe de l'histoire).
* Coupe du monde 2006 : obtient le titre de meilleur joueur du Mondial.

Té !

Bonus
La Coupe Intertoto

Le toto est le nom donné au loto sportif dans bon nombre de pays européens. La « Coupe Intertoto », c'est en quelques sortes la Coupe des lotos sportifs. Elle est née en 1967 pour succéder à l'International Football Cup, compétition qui s'est tenue *entre les saisons 1961-1962 et 1966-1967, afin que les sociétés de paris euro-péennes aient des matchs sur lesquels parier durant l'été.* À l'origine, la Coupe Intertoto se limitait à une simple « phase de groupes » pour ne pas empiéter sur les compétitions officielles. De ce fait, il y avait autant de vainqueurs que de groupes et donc pas de véritable vainqueur final de la Coupe. En 1995, l'UEFA décida de reprendre l'organisation de la compétition à son compte et de la réorganiser complètement, en autorisant notamment les vainqueurs de Coupe Intertoto à participer à la Coupe UEFA. Le 30 novembre 2007, le comité exécutif de l'UEFA décide de supprimer la Coupe Intertoto après l'édition 2008, et de réformer la Coupe UEFA, qui devient la Ligue Europa à partir de 2009. Nous apprendrons que : « *Bien que l'UEFA ait été plutôt contre les paris, elle autorisa tout de même la tenue de cette compétition en interdisant cependant à toute équipe qualifiée pour l'une de ses compétitions officielles (C1, C2, C3 et Supercoupe de l'UEFA) de disputer en même temps des matchs de Coupe Intertoto. Pour cette raison, la Coupe Intertoto se déroulait pendant l'été, durant la phase de préparation pour la nouvelle saison et avant le début des compétitions de l'UEFA.* »

Tout naturellement entraîneur

Après la Coupe du monde, il largue ses crampons pour devenir l'adjoint de Carlo Ancelotti au Real sur la saison 2013-2014. En 2015, il prend en charge l'équipe réserve du Castilla, puis en janvier 2016, il est promu entraîneur en chef de l'équipe première après le limogeage de Rafael Benítez. « *Lors des deux premières saisons, il gagne deux fois la Ligue des champions, un Championnat, une Supercoupe d'Espagne, deux Supercoupes d'Europe et deux Mondial des Clubs. Durant cette période, il bat plusieurs records et est élu meilleur entraîneur mondial de l'année.* »

Il devient ainsi le premier homme de l'histoire du football à remporter le prix de meilleur joueur et de meilleur entraîneur du monde.

En 2018, Zidane mène le Real Madrid vers une nouvelle victoire en Ligue des champions, devenant le premier entraîneur à la remporter trois fois consécutivement.

En mars 2019, il est rappelé au poste d'entraîneur par le président du club après le renvoi du précédent entraîneur, et l'invincible Zinédine remporte une deuxième et dernière Liga à la tête de son équipe, au terme de la saison 2019-2020.

Un gamin de Marseille devenu star internationale et millionnaire.

Parlons chiffre, et empiétons un peu sur le travail de mon coauteur et éditeur, Jean-David Haddad, économiste de renom, qui, pour la présente édition, va s'intéresser au Mercato. Zidane, et les fantasmes sont nombreux, c'est aussi un portefeuille en or. Alors, lisons ce que la documentation nous donne sur le sujet. D'après France football, voici les chiffres et en millions d'euros :

*   1999   5,5 M€
*   2000   4,57 M€
*   2001   15,12 M€
*   2002   13,6 M€
*   2003   14 M€
*   2004   14 M€
*   2005   13 M€
*   2006   15 M€

Le saviez-vous ?

Chaque année, depuis 1999, le magazine *France Football* publie le classement de son « Salaires des stars » qui regroupe le Top 20 mondial des revenus annuels des footballeurs. Dans le classement des sportifs français les mieux payés, Zidane est premier devant Tony Parker en 2005.

Joueur le mieux payé au monde en 2001 et 2002 selon *France Football*, il est présent six fois (entre 1999 et 2005) dans le classement établi par le magazine français. Selon *Le Figaro*, Zidane gagnait plus de 300 000 euros par match ! Mais on ne saura jamais, et c'est bien normal, les chiffres exacts.

Ses revenus annuels, nombreux et variés, hors salaires, comptent aussi des contrats publicitaires (Adidas, Leader Price, Dior, Canalsat, Ford, Volvic, Audi, Orange, Danone, Generali…) et bien évidemment du sponsoring. Notons que bien sûr, une Coupe du monde sur la cheminée, ça aide à négocier les tarifs… Selon le journal *Le Monde*, sur l'ensemble des gains annuels de Zidane, 44 % sont issus de contrats publicitaires. En 2006, par exemple, 6,4 millions d'euros proviennent du Real Madrid et 8,4 millions d'euros de contrats publicitaires et commerciaux, selon *France Football*. Des gains auxquels s'ajoutent les royalties sur des jeux vidéo et des DVD.

Le saviez-vous ?

Culture pub III. Parmi les plus célèbres spots du joueur, il tourne une publicité en 2000 pour la marque d'eau minérale Volvic où il est mis en scène dans un vestiaire et où il énumère les étapes de sa préparation d'avant-match avec la fameuse réplique : « D'abord, la jambe gauche, toujours. » Puissant… Le simple mot « Zidane » génère des profits considérables auprès des grandes marques. Malheureusement, une certaine catégorie de supporters ne boit toujours pas plus d'eau…

Mais le Zizou, s'il palpe, il a aussi du cœur. Les œuvres caritatives, il connaît, peuchère !

☆   Il est l'un des « parrains d'honneur » de l'Association européenne contre les leucodystrophies.

☆   Lié par contrat avec Danone, il est aussi le parrain officiel de la Danone Nations Cup, une compétition internationale de football pour les enfants de 10 à 12 ans organisée chaque année depuis 2000, qui reverse ses recettes à ELA.

☆   En mars 2001, il est nommé pour la lutte contre la pauvreté, dans le cadre du Programme des Nations unies pour le développement, organisme de l'ONU. Aux côtés de Ronaldo, il organise depuis 2003 Match Against Poverty.

☆   En 2005, il prête son image à Sœur Emmanuelle.

☆   Il a sa propre fondation, la Fondation Zinédine Zidane, qui a pour vocation de venir en aide aux populations pauvres d'Algérie.

Gosse de l'immigration, comme on dit, Zinédine Zidane est devenu avec le temps un symbole d'intégration mis en exergue par le politique et le médiatique. Parti de rien, issu d'un milieu modeste, il se bat et travaille avec talent pour arriver au sommet, et il incarne ainsi le cliché de la « réussite à la française », bien différente de la réussite à l'américaine, à l'italienne ou de celle de toute autre nation, c'est connu.

C'est surtout l'image d'Épinal de la France, incarnée par le fameux slogan « black blanc beur », utilisé en masse après la victoire de l'équipe de France en 1998, car elle se composait de plusieurs joueurs issus de la mixité sociale, qui fera polémique. Phrase que je lis et recopie aujourd'hui, car elle reste symptomatique de la récupération politique des éventements positifs d'une France qui se passerait bien, dans ce cas et d'autres, de cela.

Zidane illustre l'intégration républicaine au « mérite ». Mais, et c'est heureux, il reste très proche de l'Algérie où il a ses « racines », comme moi de ma Bretagne et comme vous de votre clocher. Le football, c'est une histoire de talent, de passion et d'hommes. Non de nationalité ou de politique, même si les pratiquants de cette dernière catégorie « cassent toujours la baraque », pour reprendre l'expression dc Cantona.

Bonus
La Coupe du monde 2006
Entre espoir et désespoir

La Coupe du monde de football 2006 est la dix-huitième édition. Elle s'est déroulée du 9 juin au 9 juillet 2006 en Allemagne, qui a été choisie en juin 2000 pour l'organiser.
De décembre 2003 à novembre 2005, c'est les sélections nationales pour 198 pays qui participent à la phase de qualification. 31 équipes seulement pourront prendre part au tournoi.

La compétition est remportée par l'Italie et ce sera son quatrième titre mondial en battant la France en finale. L'Allemagne prendra la troisième place devant le Portugal. Le Brésil, champion du monde en titre, est éliminé au stade des quarts de finale par la France. Tous les quarts de finalistes de l'édition 2006 sont européens ou sud-américains.

La Coupe du monde 2006 est aussi un énorme succès populaire en Allemagne, où elle est surnommée Sommermärchen (conte de fées d'été).

Les 32 équipes présentes disputent un total de 64 rencontres : 48 au premier tour et 16 dans la phase à élimination directe. Le nombre de buts marqués est de 147. La compétition est suivie par 3 359 439 spectateurs dans les stades.

Qu'est-ce qui s'organise ?

Toutes les rencontres sont à élimination directe, du stade des huitièmes de finale jusqu'à celui de la finale. Si les deux équipes qui s'affrontent sont à égalité à la fin du temps réglementaire de 90 minutes, une prolongation de deux fois 15 minutes est jouée. Si les deux équipes sont toujours à égalité à la fin de la prolongation, une épreuve de tirs au but est disputée afin de décider de la qualification pour le tour suivant, ou de l'obtention du titre s'il s'agit de la finale.

> **Le saviez-vous ?**
> La règle dite du but en or mettant fin au match pendant la prolongation qui était en vigueur lors des éditions 1998 et 2002 est abandonnée en 2006.

Sur le terrain

Quatre matchs de la phase à élimination directe se terminent par des tirs au but. Les quatre équipes qui s'inclinent au cours de ces séances de tirs au but – Suisse, Argentine, Angleterre et France – sont éliminées du tournoi en restant invaincues, tandis que la cinquième équipe invaincue, l'Italie, décroche le titre à l'issue d'une séance de tirs au but.

Huitièmes de finale

- ✓ 24 juin 2006 : Allemagne/Suède, FIFA WM Stadion Munich
  Score : 2-0
- ✓ 24 juin 2006 : Argentine/Mexique, Zentralstadion, Leipzig
  Score : 2-1
- ✓ 25 juin 2006 : Angleterre/Équateur, Gottlieb-Daimler-Stadion, Stuttgart
  Score 1-0

✓ 25 juin 2006 : Portugal/Pays-Bas, Grundig-Stadion, Nuremberg
Score 1-0

✓ 26 juin 2006 : Italie/Australie, Fritz-Walter-Stadion, Kaiserslautern
Score 1-0

✓ 26 juin 2006 : Suisse/Ukraine, FIFA WM Stadion Cologne
Score 0-0

✓ 27 juin 2006 : Brésil/Ghana, FIFA WM Stadion Dortmund
Score 3-0

27 juin 2006
Espagne/France
HDI-Arena, Hanovre
Score 1-3

✳ But inscrit après 27 minutes sur penalty par David Villa
✳ But inscrit à la 41e par Ribéry (Vieira : Passe décisive)
✳ But inscrit à la 83e par Vieira (Zidane : Passe décisive)
✳ But inscrit à la 90e par Zidane (Wiltord : Passe décisive)

L'équipe espagnole prend l'avantage 1 à 0 sur un penalty consécutif à une faute de Lilian Thuram sur Pablo Ibáñez. En deuxième période, la France domine la rencontre grâce à son milieu de terrain et notamment Zinédine Zidane. L'équipe de France concrétise sa domination et se qualifie grâce à deux buts inscrits en fin de match par Patrick Vieira et Zinédine.

Le saviez-vous ?

Quarts de finale. Parmi les 8 équipes qualifiées pour les quarts de finale, on retrouve tous les anciens vainqueurs de la Coupe du monde, sauf l'Uruguay, pourtant deux fois vainqueur en 1930 puis en 1950. Le Portugal et l'Ukraine sont les deux seules équipes qui présentent mais qui n'ont jamais atteint une finale de la Coupe du monde.

✓ 30 juin 2006 : Allemagne/Argentine, Olympiastadion, Berlin
Score 1-1

✓ 30 juin 2006 : Italie/Ukraine, FIFA WM Stadion Hambourg
Score 3-0

✓ 1er juillet 2006 : Angleterre/Portugal, FIFA WM Stadion Gelsenkirchen
Score 0-0

1er juillet 2006
Brésil/France
FIFA WM-Stadion, Francfort-sur-le-Main
Score 0-1

✭ But inscrit à la 57e minute par Henry (Zidane : Passe décisive)

L'équipe de France se qualifie pour les demi-finales du tournoi en battant le Brésil, champion du monde en titre, 1 à 0. Le Brésil joue la première partie de la première mi-temps sur un rythme élevé, mais ne parvient pas à mettre l'équipe de France en danger. Ensuite, les Français prennent le dessus grâce à leur puissance physique, leur discipline tactique et le jeu technique de Zidane. À la 57e, la domination française se concrétise par un but de Thierry Henry : un coup franc de Zidane tiré au deuxième poteau est repris de volée par Thierry Henry qui marque sous la barre transversale.

Le saviez-vous ?

Dans les précédentes éditions de la Coupe du monde, le Brésilien Ronaldo a inscrit 4 buts en 1998 et 8 buts en 2002, terminant ainsi meilleur buteur. Ses 3 buts lors de cette édition lui permettent de devenir en 2006 le meilleur buteur de toute l'histoire de la Coupe du monde avec un total de 15 buts.

Demi-finales

Seules des équipes européennes joue les demi-finales, ce qui n'était pas arrivé depuis 1982, année du troisième sacre de l'Italie. À l'époque, les demi-finalistes étaient, outre l'Italie, la Pologne, la RFA et la France.

✓ 4 juillet 2006 : Allemagne/Italie, FIFA WM Stadion Dortmund
   Score 0-2

Le saviez-vous ?

C'est le jour de la demi-finale Allemagne-Italie, cruciale s'il en est, que le procureur italien chargé de l'affaire du scandale des matchs truqués qui secoue le pays prononce son réquisitoire : rétrogradation en série C pour la Juventus, en Série B pour le Milan AC, la Lazio de Rome et la Fiorentina. 13 des 23 joueurs italiens et 7 des 11 titulaires de la demi-finale appartiennent alors à ces clubs. Mamma mia !

5 juillet 2006
Portugal/France
Allianz Arena, Munich
Score 0-1

✳ But inscrit sur penalty après à la 33e par Zidane

La deuxième demi-finale oppose le Portugal à la France. Le début de la partie est dominé par le Portugal qui joue vite et a quelques belles occasions, dont un tir de 30 mètres de Maniche qui frôle la barre transversale du but français à la 9e minute de jeu. Mais la rencontre s'équilibre alors peu à peu. À la 33e minute, Thierry Henry est crocheté par Ricardo Carvalho. L'arbitre siffle un penalty qui est transformé par Zidane. Les dernières minutes sont à l'avantage des Portugais. La défense française reste compacte et garde le score de 1 à 0 jusqu'au bout.

Le saviez-vous ?

C'est la troisième victoire en trois matchs de l'équipe de France face au Portugal en demi-finale d'une compétition officielle après les victoires en demi-finale du Championnat d'Europe 1984 (3-2) et en demi-finale du Championnat d'Europe 2000 (2-1).

✓ 8 juillet 2006 : Allemagne/Portugal, Gottlieb-Daimler-Stadion, Stuttgart
Score 3-1 (match pour la troisième place de la Coupe)

9 juillet 2006, 20 h
Finale
Italie/France
Olympiastadion, Berlin

La finale, jouée à Berlin le 9 juillet 2006, voit la victoire de l'Italie face à la France. À la fin du temps réglementaire, le score est de 1 partout, et aucun but n'est marqué lors de la prolongation. L'Italie devient championne du monde grâce à une séance de tirs au but remportée 5 à 3.

✳ But inscrit sur un penalty de Zidane à la 7e minute

✯ But italien inscrit à la 19ᵉ minute par Materrazi
✯ Carton rouge à la 110ᵉ pour Zidane

Tirs aux buts
Score 5-3

✓ Pirlo – réussi
✓ Materazzi – réussi
✓ De Rossi – réussi
✓ Del Piero – réussi
✓ Grosso – réussi
✓ Wiltord – réussi
✓ Trezeguet – manqué
✓ Abidal – réussi
✓ Sagnol – réussi

La France prend l'avantage dès la 7ᵉ minute de jeu sur un penalty de Zidane obtenu à la suite d'un contact entre Materazzi et Malouda, lequel était parvenu à percer la défense italienne. Zidane marque le penalty d'une panenka qui touche la barre transversale et rebondit derrière la ligne de but du gardien italien.

À la 19ᵉ minute de jeu, Abidal sort en corner le ballon joué par Camoranesi, qui laisse finalement Pirlo frapper le corner. Celui-ci parvient à trouver la tête de Materazzi au second poteau, qui égalise pour l'Italie. Après cette égalisation, les deux équipes jouent de manière prudente autour de blocs défensifs. La deuxième moitié de la première mi-temps est dominée par l'Italie. À la 36ᵉ minute de jeu et sur le troisième corner des Italiens, le ballon frappé de la tête par l'attaquant Luca Toni trouve la transversale de Barthez.

À la 56ᵉ minute de jeu, le milieu de terrain français Patrick Vieira, victime d'un claquage, est remplacé par Alou Diarra. Malgré un but de Luca Toni refusé pour hors-jeu à la 62ᵉ minute de jeu, c'est la France qui domine la deuxième mi-temps avec notamment des frappes de Henry, Ribéry, Malouda et Abidal.

✯ Sur l'ensemble du match, la France aura tiré 17 fois au but contre 10 fois pour les Italiens.
✯ 55 % du temps de match, le ballon est italien.

L'équipe de France termine la rencontre à dix joueurs à la suite de l'expulsion de Zidane à la 110e minute pour avoir mis un violent coup de tête à l'Italien Marco Materazzi. Le joueur français quitte le match sur un carton rouge, le 14e de sa carrière.

Aux tirs au but, le deuxième tireur français David Trezeguet manque sa tentative. Le cinquième tireur italien Fabio Grosso marque face au gardien français et donne la victoire à l'Italie.

La Coupe du monde 2006 est donc remportée par l'Italie et c'est son quatrième titre de champion du monde après ceux obtenus en 1934, 1938 et 1982.

Classement du Ballon d'or
Coupe du monde 2006

* Médaille d'or : Zinédine Zidane
* Médaille d'argent : Fabio Cannavaro
* Médaille de bronze : Andréa Pirlo

Le Ballon d'or Adidas est la récompense attribuée au meilleur joueur de la Coupe. Ce trophée est décerné par les médias accrédités à la Coupe du monde. Après l'expulsion de Zidane en finale, le président de la FIFA suggère de lui enlever cette distinction. Mais la commission de discipline de la FIFA, organisatrice de l'évènement, décide de ne pas lui retirer son titre de meilleur joueur de la Coupe du monde 2006.

Soulier d'or du meilleur buteur

Le Soulier d'or, attribué au meilleur buteur de la compétition, est remporté cette année-là par l'Allemand Miroslav Klose, avec 5 buts inscrits en 7 rencontres. Il devance Hernán Crespo et Ronaldo, tous deux auteurs de 3 buts, qui reçoivent respectivement les Souliers d'argent et de bronze. L'équipe du meilleur buteur, l'Allemagne, est l'équipe ayant marqué le plus de buts lors du tournoi avec 14 buts.

Le saviez-vous ?

Le classement du Soulier d'or est établi selon le nombre de buts marqués puis, en cas d'égalité entre plusieurs joueurs, selon le nombre de passes décisives délivrées. En cas de nouvelle égalité, le buteur le mieux classé est celui ayant le plus faible temps de jeu pendant la Coupe du monde.

Le foot : une immense saga économique et financière !

La saga des joueurs de foot s'inscrit dans une immense saga économico-financière qui a de quoi faire rêver ou du moins donner le tournis… En la matière, l'organisation de la Coupe du monde 2022 bat des records…

Les montants en jeu aujourd'hui…

200 milliards de dollars : c'est le budget que le Qatar a investi pour la Coupe du monde 2022. Les investissements en question concernent la construction d'infrastructures sportives, de transport et hôtelières. Cela représente plus que le PIB dudit Qatar (environ 150 milliards). C'est la première fois qu'un pays investit plus que son propre PIB annuel sur un évènement ! Imaginez une entreprise réalisant 1 million de chiffre d'affaires annuel qui dépenserait 1,5 million sur un évènement ! C'est un peu le même principe.

C'est dire l'ampleur économique que ce sport a pris aujourd'hui. Tous les montants en jeu ont augmenté et atteignent des niveaux stratosphériques : les budgets d'organisation d'un tournoi, les salaires des meilleurs joueurs, les transferts, le coût des places dans les stades… Tout !

Un billet pour assister à la finale de la Coupe du monde au Qatar coûte entre 500 et 1 500 euros ! Selon *Ouest France* (5 avril 2022), vouloir assister à tous les matchs de l'équipe de France jusqu'à la finale (si elle y parvient) coûterait entre 1 318 et 3 520 euros (hors voyage et hébergement, bien entendu). Tout cela situe le prix des places environ 30% au-dessus de la précédente Coupe du monde au Brésil. Dans le monde du football, tout est prétexte à business, jusqu'aux visites organisées des stades de foot. Par exemple, le stade de Barcelone attire chaque année 1,2 million de visiteurs (c'est presque deux fois le musée Grévin), pour un billet coûtant 28 euros la simple visite (et non le fait d'assister à un match).

Le monde du football s'est énormément financiarisé et de manière décomplexée. Année après année, de nouveaux records supplantent les anciens… Par exemple, le prix des transferts des joueurs qui constituent une des transactions les plus hautement symboliques du monde footballistique.

Le Mercato, un marché aux transactions colossales

Les transactions qui correspondent aux transferts ont lieu sur un marché organisé, appelé le Mercato (qui signifie tout simplement « marché » en italien). Un mot entré dans le langage courant. Ce marché est ouvert pendant une période donnée, en l'occurrence la période pendant laquelle les clubs professionnels sont autorisés à transférer ou à prêter leurs joueurs à d'autres clubs. Selon Wikipédia, « *habituellement, cette période se déroule pendant l'été, avant la reprise de la saison (trêve estivale) et à mi-saison (fenêtre des transferts hivernale). En dehors de ces périodes, un joueur ne peut être transféré ou prêté à un autre club* ».

En gros, le Mercato est ouvert à certaines périodes et fermé à d'autres. Ce n'est pas plus compliqué que cela. Les transferts ont toujours existé dans le monde du foot, mais, au fur et à mesure de l'engouement que prend ce sport, les prix ne cessent d'augmenter. Un club paye donc à un autre club le rachat du contrat de travail du joueur voulu. Le monde du foot a ses opacités, et on ne sait pas très bien si le joueur touche une commission. Toujours est-il que plus le prix du transfert est élevé, plus le salaire sera en général élevé, ainsi que la médiatisation du joueur et de facto ses droits à l'image pour des publicités entre autres.

Mais tout record est fait pour être battu. Justement, tout au long de l'Histoire, le dernier record mondial établi sur le Mercato est régulièrement battu. À ce jour (en octobre 2022), le transfert le plus élevé de l'Histoire date de 2017. Il s'agissait du transfert de Neymar, acheté par le PSG au FC Barcelone pour un montant de 222 millions d'euros. C'est environ la moitié du budget d'une ville comme Nantes ou Nice !

Avant ce record, le précédent datait de 2016. Il s'agissait du transfert du Français Paul Pogba de la Juventus vers Manchester United. Le montant était de 105 millions d'euros.

Un graphique montrant les records du Mercato permettra de se rendre compte de l'augmentation de ces records ; jusqu'en 2017, puisque celui de Neymar n'a encore jamais été battu !

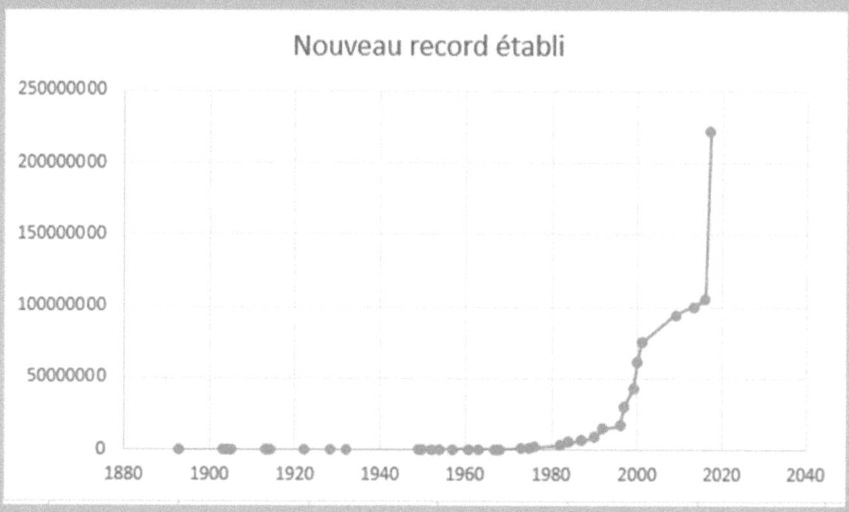

Le premier transfert a eu lieu en 1893 pour un montant qui serait aujourd'hui de 113 euros ! Plusieurs records ont eu lieu par la suite. Par exemple, en 1922, le nouveau record était de 6 200 euros. Durant la Seconde Guerre mondiale, il n'y eut pas de record. Puis en 1949, un nouveau record fut atteint à 30 000 euros. Mais c'est à partir des années 1970 que les prix commencèrent à décoller significativement. Ainsi, le million d'euros fut atteint en 1973. Puis en 1984, Diego Maradona coûta l'équivalent actuel de 5,6 millions d'euros au SSC Naples. L'envolée se poursuivit dans les années 1990 et le cap des 10 millions fut atteint en 1992 : Jean-Pierre Papin coûta la bagatelle de 11,3 millions d'euros à l'AC Milan. La même année, ce record fut battu deux fois. Les 30 millions d'euros furent atteints en 1997, les 60 millions en 2000 et les 100 millions en 2016. Le record de 2017 ne sera probablement pas battu de suite. En effet, en 2018, le transfert de Kylian Mbappé de l'AS Monaco au PSG s'est réalisé sur une base de 180 millions d'euros. Puis les derniers transferts des joueurs actuels les plus prestigieux se sont réalisés entre 50 et 135 millions d'euros. La crise du Covid est passée par là, l'endettement des clubs également et désormais la hausse des taux d'intérêt que nous connaissons depuis le début d'année 2022 ont tendance à peser sur le prix des transferts. En effet, peu de clubs peuvent se permettre de s'offrir un transfert en le payant cash. Or, les taux d'intérêt étaient très bas, proches de zéro pendant plusieurs années, ce qui a alimenté la spéculation, tout comme la spéculation immobilière ou boursière. Ainsi, en 2022, tous les transferts du Mercato se sont réalisés sous la barre des 100 millions d'euros, et les tout derniers, au début de la crise économique et énergétique, se font loin des records, autour des 50 millions d'euros.

On voit clairement sur le graphique des records un décollage vertical dans les années 1990, une hausse moins forte dans les années 2000 et 2010, puis ce pic incroyable en 2017.

L'âge d'or des records est-il derrière nous ? Si aucun record ne venait à être établi juste après la Coupe du monde 2022, il est possible qu'effectivement, compte tenu de la hausse des taux d'intérêt, la somme payée par le PSG pour s'offrir Neymar reste pendant quelque temps dans le livre des records !

Pour ce qui est des joueurs qui sont les héros des différentes sagas décrites dans cet ouvrage, qui sont tous des joueurs d'un exceptionnel talent, qui ont tous été des stars, voire des icônes, on voit très bien, à travers les différentes époques dont ils sont les emblèmes, la fièvre du montant des transferts. Ainsi, le meilleur transfert enregistré pour chacun d'eux est le révélateur d'une époque. Mbappé en 2018 (180 millions d'euros) a coûté 1 384 fois plus cher que Platini en 1982 (130 000 euros) ! Même si l'on devait tenir compte de l'inflation, avec un indice des prix ayant été multiplié par 2,5 entre 1982 et 2018, Mbappé a coûté (en corrigeant de l'inflation) 550 fois plus cher que Platini ! La légère baisse du transfert de Griezmann en 2019 par rapport à Mbappé en 2018 est peut-être révélatrice d'un début de baisse des prix, souligné ci-dessus.

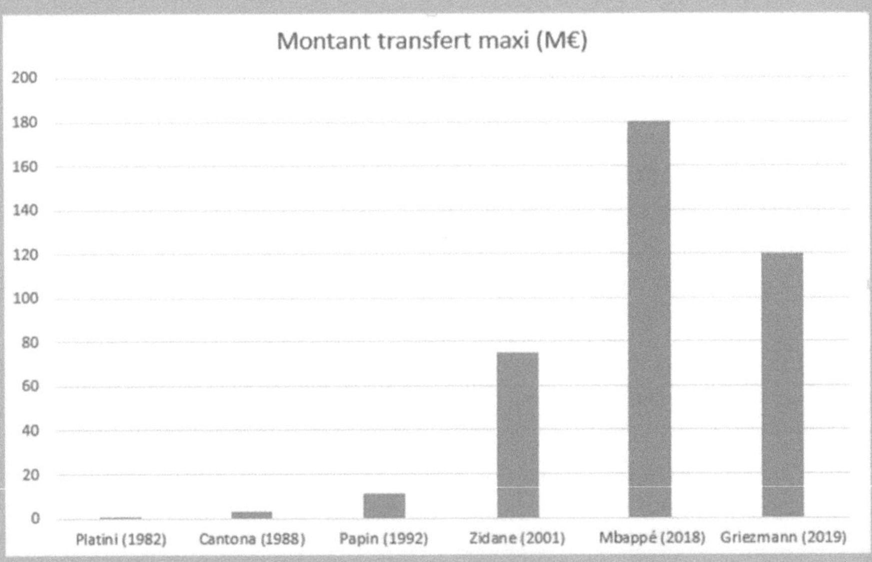

À noter qu'Aimé Jacquet ne figure pas dans le palmarès, car il n'y a pas d'informations véritables sur les coûts de ses transferts lorsqu'il fut joueur.

Les salaires, l'autre versant du business

L'autre versant financier du « business footballistique » est celui des salaires des joueurs. Aussi médiatisés que les transferts, ils ont suivi le même type de courbe. Dans les années 80, Michel Platini, alors star mondiale du football, est payé l'équivalent de 300 000 euros annuels de salaire à la Juventus de Turin. Une très belle somme pour l'époque et un des salaires les plus élevés dans le monde du football. Aujourd'hui, Kylian Mbappé, qui, tout comme Platini, fait partie de la « belle équipe » de cet ouvrage, vient de signer un nouveau contrat avec le PSG, qui, selon le *New York Times*, lui permettrait de toucher 250 millions d'euros sur 3 ans (2023 à 2025), plus une prime de 125 millions d'euros comprenant le sponsoring. Soit un salaire de 375 millions sur 3 ans, soit donc 125 millions d'euros par an ! C'est le salaire le plus élevé jamais enregistré dans l'histoire du foot. Son ancien contrat lui offrait 17,5 millions par an. Avec ce nouveau salaire, il dépasse largement Neymar qui se situe autour des 90 millions annuels.

On est très loin de Platini dans les années 80, puisque le salaire perçu par ce dernier à la Juventus à cette époque correspond à une unique journée du salaire de Mbappé aujourd'hui ! C'est dire l'évolution en 40 ans, corrélative à la hausse des prix sur le Mercato.

Et, contrairement au Mercato, la flambée des salaires ne semble pas marquer de pause avec la crise économique, monétaire et énergétique qui a commencé en 2022. Cela dit, Michel Platini peut se consoler vu la carrière qu'il a effectuée par la suite dans les instances du football mondial…

Si l'on prend l'époque « intermédiaire » entre les années 80 et aujourd'hui, autrement dit l'époque de Zidane, là encore, les salaires ont été corrélés aux prix des transferts. Zinédine Zidane gagnait, entre 2001 et 2006, l'équivalent de 6,4 millions d'euros par an au Real Madrid. Un salaire qui correspond à 20 jours du salaire de Mbappé. On peut même dire que **les salaires ont davantage flambé que les transferts, puisque, comme nous l'avons vu précédemment, le transfert de Mbappé en 2018 a été 2,5 fois supérieur à celui de Zidane en 2001 tandis que son salaire est 20 fois supérieur. Le foot est-il désormais le sport le plus coté au monde ?**

C'est surtout sous l'effet d'une médiatisation croissante, d'un marketing de plus en plus présent, que les salaires ont ainsi pu flamber. Le football s'est tout simplement progressivement rapproché du football américain, avec sa médiatisation à outrance, sa quasi-religiosité, ses sponsors, etc. C'est ce qui fait monter la financiarisation du sport en question.

Puis, aujourd'hui, il a même dépassé le football américain par les montants mis en jeu, car son horizon est plus large. Ainsi, le salaire de Tom Brady, légende du football américain, est de l'ordre de 35 millions de dollars par an. Aujourd'hui, on peut même dire qu'avec le nouveau salaire de Kylian Mbappé, pour la première fois de l'Histoire, le salaire d'un footballeur égalise celui du basketteur le mieux payé, à savoir LeBron James (127 millions de dollars en 2021).

En 1996, le salaire du célèbre Michael Jordan, la star mythique du basket et de la NBA, était de 25 millions de dollars par an. À cette époque, les footballers étaient loin derrière ! Jean-Pierre Papin, dont la saga est relatée dans cet ouvrage, un des footballeurs les mieux payés au monde, gagnait 1,2 million de francs par mois au Milan AC (en 1993-1994), ce qui fait, en convertissant, 2,2 millions d'euros annuels. **Le foot rapportait, pour ses plus grandes stars, 10 fois moins que le basket, alors qu'aujourd'hui, les salaires se côtoient.** Mieux : si l'on sort de l'observation des plus grandes stars, tout joueur d'un club classé parmi les meilleurs du monde dispose d'un salaire à faire pâlir les PDG des grandes entreprises ! Ainsi, en 2022, un joueur du PSG ou du Real Madrid gagne en moyenne près d'un million d'euros… par mois ! Quand un joueur de basket de la NBA gagne en moyenne 4 500 euros par mois (selon *BasketBallWorld*) !

Mieux : le football a nettement dépassé la boxe, en perte de vitesse médiatique. Au tournant des années 1990 et 2000, les stars de la boxe comme Mike Tyson ou Lennox Lewis gagnaient autour de 30 millions de dollars par combat. De quoi faire fantasmer les footballeurs de l'époque. Aujourd'hui, la star mondiale de la boxe, Tyson Fury, gagne autour de… 30 millions de dollars par combat ! En 25 ans, les prix ont tout simplement stagné, alors que dans le monde du foot, ils ont explosé. Cependant, si la boxe est moins médiatisée, c'est parce que le MMA a pris le relais. Aussi, le salaire de Conor McGregor, icône du MMA, perçu en 2020, est à ce jour la somme la plus élevée jamais perçue en un an par un sportif : 180 millions de dollars.

La Bourse et le foot

Un club de football est une entreprise à part entière, avec des recettes, des dépenses, des investissements, de l'immobilier… Et à la fin de l'exercice comptable, un bilan, un compte de résultat, et à la dernière ligne ou bénéfice ou un déficit.

Dans un pays comme la France où ce n'est pas un scoop de dire que les entreprises sont peu appréciées, ces entreprises très particulières, qui produisent et créent du rêve et de l'identification, sont plus qu'appréciées de leurs fans. Un club de foot, qui est avant tout une entreprise, peut même aller jusqu'à être coté en bourse. Ainsi, plusieurs le sont. Citons Manchester United, Juventus de Turin, Borussia Dortmund ou encore Benfica, par exemple.

En France, seul l'OL Group (Olympique lyonnais) est coté en bourse, l'introduction ayant été réalisée par Louis Thannberger, le « pape » du genre en France, qui a convaincu Jean-Michel Aulas de franchir le pas en 2007. Le parcours boursier de cette entreprise n'est pas une franche réussite, pas plus d'ailleurs que le parcours boursier des autres clubs. Le graphique suivant montre un comparatif entre le parcours boursier de l'OL (en rouge) et Manchester United (en noir) sur les dix dernières années.

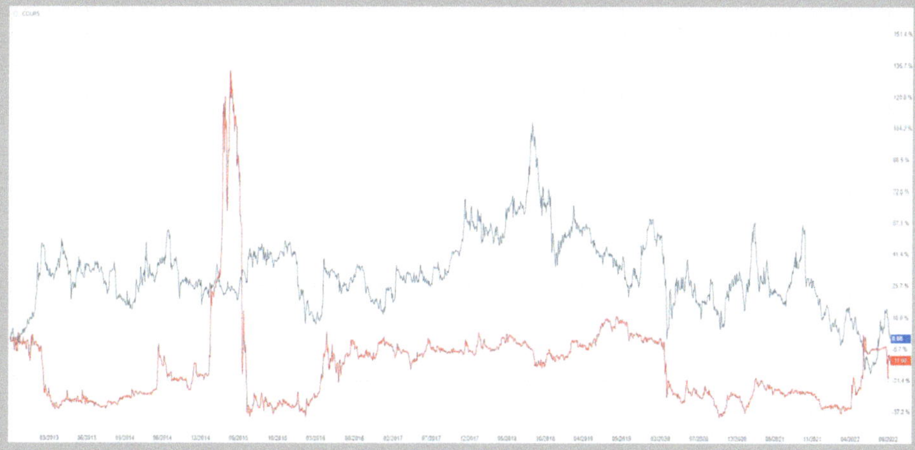

L'action du club lyonnais a perdu 11% en 10 ans, tandis que celle de son homologue anglais n'a pas beaucoup varié et, au final, ne gagne ni ne perd rien sur la période (les cours sont ici arrêtés à fin septembre 2022). La cotation en bourse permet néanmoins à un club d'améliorer sa notoriété internationale, de fidéliser encore plus ses fans, en comptant sur eux par exemple pour une levée de fonds, qui leur permet alors d'en être actionnaires et donc associés…

On notera néanmoins de la volatilité sur ces actions qui sont forcément dépendantes des performances des clubs sur telle ou telle saison. Par exemple, au début de l'année 2015, le cours du club lyonnais a flambé pour doubler en quelques semaines. Cela était dû à l'excellent parcours des Lyonnais dans un championnat de France de Ligue 1 alors très disputé, mais aussi à la construction du stade de l'OL (qui a ouvert en janvier 2016). En fait, ces actions sont réservées à des passionnées de foot… et de bourse ! Qui sont capables d'anticiper à la fois les résultats sportifs de leur club préféré et la transformation de ces résultats sportifs en résultats financiers… Et qui souhaitent, tout simplement, être des associés…

En conclusion

Que de changements en un demi-siècle ! Un marché des transferts qui a vu ses prix flamber et atteindre des centaines de millions pour s'offrir un joueur, des salaires de joueurs qui, corrélativement, ont encore plus flambé, et dépassent désormais ceux pratiqués dans les autres sports les plus financiarisés, des clubs cotés en bourse qui vendent des tas de produits et services dérivés… Le monde du foot est un monde qui fait rêver, qui produit un effet d'équipe, un sentiment national, un sentiment d'appartenance… Et tout cela génère des sommes colossales. Tant mieux pour l'économie mondiale et pour la croissance économique !

Jean-David Haddad

La saga Fabien Barthez

Goal de légende

« *Pas besoin d'avoir de longs cheveux
pour avoir une queue de cheval.* »

Fabien Barthez, en bref et en foot

Fabien Barthez est ariégeois d'origine, il est né le 28 juin 1971 à Lavelanet. C'est un footballeur international français qui évoluera comme gardien de but de 1990 à 2007. Numéro 16. Il compte 87 sélections en équipe de France. Avec l'équipe de France, il remporte la Coupe du monde 1998, l'Euro 2000 ainsi que la Coupe des confédérations en 2003, et il sera finaliste de la Coupe du monde 2006. En club, il remportera la Ligue des champions en 1993 avec l'Olympique de Marseille ainsi que le Championnat d'Angleterre en 2001 et en 2003 avec Manchester United. Voici un aperçu de son palmarès footballistique individuel :

✻ Élu 11ᵉ au Ballon d'or en 2000
✻ Élu Onze d'Argent en 1998 par Onze Mondial
✻ Élu gardien européen de l'année en 1998 et en 2000
✻ Élu meilleur gardien de football de l'année en 2000 (IFFHS)
✻ Élu meilleur gardien de la Coupe du monde en 1998
✻ Étoile d'or France Football des gardiens en 1998
✻ Élu joueur du mois de Ligue 1 en septembre 2004
✻ Nommé au Ballon d'or en 1998, 2000, 2001 et 2004
✻ Nommé dans l'équipe-type de la Coupe du monde en 1998
✻ Nommé dans l'équipe-type de Premier League en 2001
✻ Nommé dans l'équipe-type du Championnat d'Europe en 2000
✻ Nommé dans l'équipe-type de Ligue 1 en 1998 et 2000
✻ Nommé dans l'équipe-type spéciale 20 ans des Trophées UNFP en 2011
✻ Élu 51ᵉ du Top 100 des meilleurs joueurs de l'histoire de l'Euro selon le journal *L'Équipe* en 2016
✻ Nommé dans le XI de légende de tous les temps de l'équipe de France selon les internautes de *L'Équipe* en 2020

Le saviez-vous ?

Il est co-recordman avec Thierry Henry du nombre de rencontres disputées en phase finale de Coupe du monde (17 matchs) et avec Peter Shilton du nombre de matchs joués en Coupe du monde (10 matchs) sans encaisser de but. Après sa carrière de footballeur, il se reconvertira dans la compétition automobile et deviendra champion de France de Grand Tourisme en 2013.

Chauve qui peut

Barthez, c'est un gardien au style artistique, un ressort et un bouddhiste en puissance. Son calme, sa presque abstraction quand sa cage de but est menacée, est largement compensé par sa fougue, quand et à plusieurs reprises, balle au pied, il fonce sur le terrain. À noter aussi le technicien : d'un avis commun, il sait se placer et sait relancer le jeu comme personne. Bref, Barthez, pour l'équipe adverse, c'est pas du gâteau.

Le look du joueur est aussi important, rappelez-vous que l'équipe de France au complet, et c'est presque devenu un geste politique par la suite, aime à déposer un gros poutou sur son crane pour se porter chance. Pendant cette Coupe du monde, d'ailleurs, Barthez, c'était Astérix, l'irréductible qui résiste encore et toujours aux envahisseurs en shorts. On a tous de la tendresse pour ce joueur, non ?

Et puis respect : il est sorti avec la divine Linda Evangelista. Ce qui me fait penser que je vous offrirais bien un petit bonus récréatif. Du style : les mannequins et les footballeurs.

Bonus
Shoots en communs

Voici un petit listing des compagnes des stars du foot emprunté à la presse people. Mannequins, actrices, chanteuses, femmes d'affaires, toutes plus belles qu'un lendemain de victoire de Coupe du monde, elles amènent luxe et volupté dans les tribunes. Parce qu'en plus, elles sont fans et supporters, ces dames ! À la belle époque ! Et le moins que l'on puisse dire, c'est que nos « héros » ne se privent pas. Après ça, qui pourra dire que le short n'est pas « sexy » ?

✓ Bruna Marquezine, compagne de Neymar (actrice)
✓ Erika Choperena, compagne d'Antoine Griezmann (modiste)
✓ Shakira, mariée avec Gerard Piqué (chanteuse)
✓ Antonella Roccuzzo, femme de Lionel Messi (mannequin)
✓ Georgina Rodriguez, femme de Cristiano Ronaldo (mannequin et actrice)
✓ Anna Lewandowska, femme de Robert Lewandowski (femme d'affaires)

- ✓ Maria Salaues, femme de Paul Pogba (mannequin)
- ✓ Pamela Anderson, femme de Adil Rami (actrice)
- ✓ Oriana Sabatini, femme de Paulo Dybala (actrice et chanteuse)
- ✓ Izabel Goulart, femme de Kevin Trapp (mannequin)
- ✓ Helena Seger, femme de Zlatan Ibrahimović (suédoise et mannequin)
- ✓ Pilar Rubio, femme de Sergio Ramos (actrice et mannequin)
- ✓ Ludivine Sagnier, femme de Kim Chapiron (actrice)

Mode d'emplois du bonus : faites-vous plaisir, tapez les noms de ces dames sur un moteur de recherche et allez voir les photos.

Quel beau métier, footballeur !

Remarquez, je ne me plains pas… Quand même, quel beau métier que footballeur.

Les débuts de Barthez à Toulouse
(1986-1992)

À la saison 1991-1992, l'entraîneur de l'équipe première Victor Zvunka l'intègre comme troisième gardien derrière Robin Huc et Olivier Pédémas. En septembre 1991, Barthez débute alors en Division 1. Il disputera 26 matchs dans la saison. Devenu international espoirs, Barthez fait de bonnes prestations contre Monaco, le PSG et surtout l'Olympique de Marseille. Bernard Tapie le remarque. Et lui propose, pour l'intégrer à l'OM, 5 fois le salaire qu'il touchait alors. Sacré Bernard…

Champion avec Marseille
(1992-1995)

En septembre 1992, Barthez commence à Marseille. Sur un match de Ligue des champions contre Glentoran. L'Olympique de Marseille accueille Monaco en championnat. Sur une passe en retrait, Fabien est pressé par l'international allemand Jürgen Klinsmann qu'il dribble. Les prémices du style Barthez ?

Contre le FC Dinamo Bucarest, il sauve son équipe de la débâcle (0-0). Au retour, l'OM se qualifie. Mais lors du premier match de poule chez les Glasgow

Rangers, le nouveau portier de l'OM encaisse deux buts et Pascal Olmeta, titulaire dans l'équipe et n°1, est rappelé. Mais il se blessera gravement et Barthez quittera le banc et fera une bonne fin de saison. Le 26 mai 1993, l'OM décroche la première Coupe d'Europe d'un club français devant le grand AC Milan de Fabio Capello. Le gardien de vingt-deux ans est champion d'Europe.

Il continue sa progression en devenant international en mai 1994. Après un passage en Division 2, Fabien refuse la prolongation de contrat de deux ans que lui proposent les dirigeants marseillais, l'OM étant maintenu administrativement en D2 [affaire OM-Valenciennes]), et il rejoint l'AS Monaco.

L'AS Monaco (1995-2000)

Ses débuts sur le rocher ne sont pas glorieux : blessures, fractures, testé positif au cannabis au terme d'une rencontre Nantes-Monaco, il écope pour le fait, en janvier 1996, d'une suspension de quatre mois, dont deux fermes. Que fait la police ?

Au terme de cette première saison calamiteuse sur le Rocher, nouveau coup de théâtre et grande chance : il est quand même sacré champion de France 1996-1997 avec l'ASM. Il sera même bombardé capitaine par Jean Tigana. Bob, si tu m'entends !

Mais en 1999, Barthez annonce quitter l'ASM. Devenu le gardien mythique des Bleus et aussi l'un des derniers champions du monde à évoluer dans le pays, les sirènes de l'AC Milan et de Manchester United l'attirent. Le salaire aussi, soyons francs. Mais si messieurs les Anglais ont tiré les premiers sur ce coup-là, et avec un plus gros calibre que les Italiens, c'est sans compter sur le prince Albert, footballeur dans l'âme, qui, tenant absolument à garder le champion du monde, intervient auprès des dirigeants du club, et le résultat final sera que le rocher proposera à Barthez autant que la perfide Albion. Barthez prolongera alors son contrat jusqu'en 2004. Pour un million de francs par mois, le plus gros salaire du football français à l'époque, il poursuit donc l'aventure à Monaco dans le Championnat de France.

Ce sera un deuxième titre de champion de France pour le portier, et la fin plus ou moins zen de sa coopération avec Monaco. Après avoir remporté l'Euro 2000 avec les Bleus, il signe en faveur de Manchester United. Avec Manchester United, il remporte deux titres de champion en 2001 et 2003 et atteint la finale de la League Cup en 2003. Après deux premières saisons d'excellente qualité, il baisse de régime en 2002-2003, et est témoin de l'élimination de la France au premier tour de la Coupe du monde 2002.

À partir d'avril 2003, Fabien Barthez est privé de terrain à Manchester, où Alex Ferguson lui préfère Tim Howard.

Marseille et Nantes
(2004-2007)

Les Marseillais atteignent la finale de la Coupe UEFA grâce à des performances de haut niveau de leur gardien star face à Liverpool et Newcastle. À l'issue de ce prêt et grâce aux bonnes performances de Barthez dans les cages marseillaises, l'OM et Manchester United s'entendent sur un transfert définitif basé sur un contrat de deux saisons.

La veille du dernier match de la saison, en mai 2006, il annonce qu'il quitte Marseille et déclarera officiellement quelques mois plus tard, lors d'un journal télévisé de TF1, qu'il met un terme à sa carrière de footballeur.

> **Le saviez-vous ?**
>
> *Quand lama fâché, lui toujours faire ainsi.* 12 février 2005, il crache sur l'arbitre lors d'un match amical contre le WAC Casablanca. Il est suspendu six mois. Avec des travaux d'intérêt général à la clé. Le tout sera très médiatisé.

Ce n'était qu'un au revoir

Deux mois plus tard, le FC Nantes, en difficulté, fait appel à lui., il décide de revenir sur sa décision et signe un contrat de six mois. Il participe à son premier match sous les couleurs des Canaris le 6 janvier 2007 à l'occasion du 32e de finale de la Coupe de France face à Guingamp (victoire 1-0). Mais la suite sera en dents de scie, entre génie et désespoir : il encaisse 5 buts contre Valenciennes, il fait quelques jours plus tard un match exceptionnel contre Marseille, puis contre Sedan, il joue comme un débutant. Je lis : « *Après la défaite à domicile face à Rennes malgré deux superbes parades, les derniers espoirs nantais pour le maintien en première division s'évaporent.* » À la sortie du stade, Fabien Barthez est pris à partie par des supporters et annonce son départ définitif du club le 29 avril 2007 sur RMC.

Le 10 février 2008, Fabien Barthez annonce la fin de sa carrière dans l'émission *Téléfoot* sur TF1.

Bonus
Un chauve chez les Bleus
(1994-2006)

* Première sélection le 26 mai 1994, soit un an après la victoire en Ligue des champions avec l'OM, contre l'Australie (1-0) lors de la Coupe Kirin remportée par l'équipe de France.

Le saviez-vous ?

La coupe Kirin est un tournoi de football organisé chaque année au Japon par la Kirin Corporation. L'équipe nationale de football du Japon participe systématiquement à cette compétition. L'édition Kirin 2022 a été remportée par la Tunisie. Les gains du vainqueur se sont élevés à 250 000 dollars.

---

* Pour l'Euro 1996, il n'est que le troisième gardien. Le sélectionneur Aimé Jacquet lui préfère Bernard Lama.
* Pour la Coupe du monde 1998, après onze sélections chez les Bleus, il sera le numéro 1 des portiers.
* Durant le Mondial 98, Barthez est le seul joueur français ayant disputé les 684 minutes des sept matchs du tournoi. Avec 2 buts encaissés, il fera partie de la meilleure défense du tournoi.
* En février 2000 contre la Pologne, Barthez en est à sa 30e sélection avec les Bleus et devient le sixième gardien le plus capé des 68 portiers ayant porté le maillot tricolore.
* Après le but en or de David Trezeguet, la France remporte le Championnat et Fabien Barthez est élu meilleur gardien de la compétition. À la fin de l'année, il est également désigné meilleur gardien de but de l'année.
* En 2002, malgré une bonne prestation face à l'Uruguay lors de la phase de poules de la Coupe du monde, il ne peut éviter l'élimination de la France dès le premier tour.
* L'année suivante, il se montre décisif lors de la Coupe des confédérations que les Bleus remportent. Il devient ainsi le seul gardien international à

avoir remporté les Coupe du monde, Championnat d'Europe et Coupe des confédérations.

✱ En 2006, après un bon parcours de Barthez et de l'équipe de France lors de la Coupe du monde, ces derniers s'inclinent en finale face à l'Italie (1-1 puis 5-3 aux tirs au but). Ce Mondial est le troisième de rang disputé par Fabien Barthez qui détient le record français du nombre de matchs disputés en Coupe du monde.

En conclusion

Difficile de ne pas faire le panégyrique complet du « divin chauve », mais la place manque pour aller plus loin dans ce portrait. Nous passons la course automobile, son passé de consultant et de commentateur sportif et même son rôle de dirigeant de club.

Fabien Barthez incarne un style, une époque, un jeu et surtout une idée : le positivisme fait gagner. D'ailleurs, nous pourrions enchaîner sur son ami Thierry Henry, pour un petit bonus, avant de rejoindre la dernière génération de footballeurs déjà mythique, non ?

Bonus
Thierry Henry

Thierry Henry est né en août 1977 aux Ulis dans l'Essonne en région Île-de-France. Sa carrière s'étire entre 1994 et 2014. Repéré par l'AS Monaco pendant sa formation à l'INF Clairefontaine, il débute au niveau professionnel en 1994. Après son sacre de champion de France en 1997, il tente l'aventure avec la Juventus. Mais cela ne fonctionne pas avec le club italien ; en revanche, Henry s'affirme au championnat d'Angleterre chez les Gunners d'Arsenal et pendant huit saisons au cours desquelles ils remporteront deux fois le Championnat d'Angleterre. Il est élu joueur de l'année à 2 reprises pour les saisons 2002-2003 et 2003-2004. Au FC Barcelone en 2007, deux ans plus tard, Henry fait école et provoque un inédit dans l'histoire du football en ce qui concerne le palmarès d'un joueur. Il cumule : Ligue des champions, Championnat d'Espagne, Coupe d'Espagne, Supercoupe de l'UEFA, Supercoupe d'Espagne et Coupe du monde des clubs.

En 2010, il signe aux Red Bulls de New York pour quatre saisons. Mais Henry et les Red Bulls ne parviennent pas à remporter une finale de Conférence de la Major League Soccer. En décembre 2014, Thierry Henry prend sa retraite de footballeur. Thierry Henry est considéré comme l'un des meilleurs attaquants de l'histoire du football. Il s'est classé deux fois sur le podium du Ballon d'or en 2003 et 2006. Il sera aussi désigné comme le meilleur buteur de l'histoire d'Arsenal. Il est le deuxième meilleur buteur français de l'histoire, toutes compétitions confondues, que ce soit en club ou en sélection, avec 411 buts au total.

Avec les Bleus

C'est le seul joueur français à avoir disputé quatre Coupes du monde, Henry remporte en équipe la compétition en 1998, le Championnat d'Europe en 2000 et la Coupe des confédérations en 2003. Il détient le record du nombre de buts inscrits en sélection nationale, soit 51. Sa fin de carrière avec les Bleus est ternie par le fiasco de la Coupe du monde 2010 en Afrique du Sud.

Le saviez-vous ?

Un sacré castar. En 2016, il devient sélectionneur adjoint de la sélection nationale de Belgique. En octobre 2018, entraîneur de l'AS Monaco. En novembre 2019, il est nommé entraîneur de l'Impact de Montréal en Major League Soccer. En mai 2021, il réintègre la sélection nationale de Belgique en tant que sélectionneur adjoint en vue de l'Euro 2020.

Coups d'éclat

* Pendant la Coupe du monde 2006 en Allemagne, Thierry Henry évolue seul en pointe devant Zinédine Zidane dans un système en 4-2-3-1 mis en place par Raymond Domenech. Henry marque trois buts en sept matchs.

* À l'occasion de sa 95e sélection en équipe de France, le 13 octobre 2007 face aux îles Féroé en match éliminatoire de l'Euro 2008, il inscrit son 41e but (victoire 0-6), égalant ainsi le record détenu depuis 1987 par Michel Platini (72 sélections). Quatre jours plus tard, il dépasse ce record en marquant par deux fois au Stade de la Beaujoire face à la Lituanie lors de ces mêmes éliminatoires, inscrivant ainsi ses 42e et 43e buts (victoire 2-0) en l'espace de trois minutes.

* Face à la Serbie, Thierry Henry marque son 50e but en équipe de France.
* Le 3 juin 2008, Thierry Henry honore sa centième sélection lors de la rencontre amicale face à la Colombie (victoire 1-0) et devient le premier attaquant à atteindre les cent sélections sous le maillot bleu.
* Durant l'Euro 2008, il inscrit le seul but de l'équipe de France dans la compétition lors du deuxième match face aux Pays-Bas (défaite 4-1).
* Il porte le brassard de capitaine lors de 21 matchs de l'équipe de France.
* Le 9 septembre 2009, il inscrit son 50e but face à la Serbie (1-1) et son 51e et dernier but avec la sélection nationale lors de la victoire (3-1) contre l'Autriche au Stade de France le 14 octobre suivant.
* Thierry Henry figure parmi les seuls joueurs ayant à la fois remporté une Coupe du monde et étant détenteurs du record de buts avec leur équipe nationale, au même titre que Pelé (77 buts), David Villa (59 buts) et Miroslav Klose (71 buts).

Le style Henry

On peut lire de lui : « *Son principal atout est sa grande vitesse ballon au pied qui lui permet d'attaquer de loin et de s'engouffrer dans les espaces d'une défense. Ce style de jeu couplé à ses qualités dans la finition lui a permis de rayonner pendant de nombreuses années dans le championnat anglais. Ainsi, il a occupé presque chaque année la première place au classement des buteurs de la Premier League. Dans les années 2000, la Direction technique nationale française favorise la détection de jeunes joueurs ayant des caractéristiques similaires à celles d'Henry. Particulièrement irrésistible pour "dévorer" les larges espaces, il est en revanche moins efficace dans les espaces réduits et est souvent gêné par les défenses serrées. Participant activement au jeu de l'équipe, il lui arrive fréquemment de décrocher de sa position de base pour remonter des ballons. Ces changements de position lui permettent de distribuer régulièrement un grand nombre de passes décisives. Thierry Henry possède une spécificité : ses frappes enroulées du plat du pied droit généralement placées côté opposé, sur la gauche du gardien.* »

Je rajouterai à cet excellent descriptif (les sources sont en fin de livre), que le style Henri est classieux et racé. Puissant. Trop parfois, ses frappes pouvant surprendre et prendre de vitesse ses coéquipiers, mais quel buteur magnifique ! Pour nous, Henri est un grand, un de ces joueurs magiques qui ont converti au football toute une génération.

Malus
Hors-jeu !
Parenthèse malheureuse :
la coupe qu'on ne nomme pas

Le Fiasco de Knysna

Qui s'en souvient ?

Pas moi.

Et vous ?

Pourtant, il faut bien l'évoquer… ce satané épisode. Alors, le mieux, c'est de faire un retour sur les titres, du *Monde*, de *France Football*, de *L'Équipe*, du *Figaro* et j'en passe…

On ira jusqu'à employer l'expression suivante : un désastre moral. Allez, on se fait mal, les voici : « Des bleus incolores ! », « Scandale chez les Bleus : la prostituée a livré sa version », « Cinq joueurs de l'équipe de France déférés devant la commission de discipline : Evra, Ribéry, Anelka, Toulalan et Abidal risquent des sanctions à la suite de la grève de Knysna pendant la Coupe du monde de football », « La Fifa avertit la France contre toute ingérence du politique », « AFRIQUE DU SUD – Yade juge indécent l'hôtel des Bleus », « FFF : les appels à la démission d'Escalettes se multiplient », « Équipe de France : la "commission d'enquête" n'est plus qu'une "mission d'information" », « Les sanctions pour les grévistes de Knysna », « Anelka se moque de la FFF et met un terme à sa carrière internationale », « Evra fait appel à la suite des sanctions liées à Knysna », « Ribéry ne fera pas appel », « Suspension confirmée pour Evra », etc.

Et on lira aussi dans le détail des départs de feux antérieurs comme : « Devant les enquêteurs, Zahia D. a indiqué avoir eu des relations sexuelles tarifées avec Sidney Govou, Franck Ribéry et Karim Benzema. Ce dernier devrait être prochainement auditionné. Il aurait eu des rapports avec la jeune femme alors qu'elle n'avait que 16 ans. »

C'est Alésia, par Toutatis !

C'est la Bérézina !

C'est la catastrophe !

Et pour les gens, c'est les ballons de la colère.

J'étais proprement scandalisé, énervé et dégoûté par les Bleus. Venaient en plus les paramètres politiques, financiers et la starisation outrancière des joueurs, le tout devenant insupportable. Comment, en touchant autant de fric, en représentant un pays, comment peut-on être aussi con ? C'était l'avis général. De la presse à mon PMU. Les partisans du racisme et du retour en arrière avaient en plus le champ libre. On ne déconne pas avec une Coupe du monde. Pour moi, Zidane a cessé d'être un héros avec son coup de boule en finale. Mais c'était rien comparé à ça. Commençons par cette grève inédite.

Bleu, blanc, con

Après son élimination au premier tour de l'Euro 2008, il faut passer par les barrages pour se qualifier pour la Coupe du monde 2010. Les matchs amicaux au cours de la campagne de qualification sont les signes avant-coureurs d'une défaite annoncée. Match nul contre l'Uruguay (0-0), les défaites contre l'Argentine (0-2), l'Espagne (0-2) et le Nigéria (0-1). Ensuite, niveau casting, ce n'est pas le top non plus. Peu avant la Coupe du monde, plusieurs joueurs emblématiques des Bleus sont impliqués dans une affaire de mœurs assez débectante, concernant une prostituée, Zahia Dehar, mineure au moment des faits. L'« affaire Zahia » prend de l'ampleur et met Ribéry, Govou et Benzema dans la tourmente. Ensuite, contre Serbie, Roumanie, Autriche, Lituanie et îles Féroé, la France, vice-championne du monde et éleveuse de champions, obtient des résultats très moyens (matchs nuls 2-2 et 1-1 face à la Roumanie, défaite 3-1 en Autriche, 1-0 aux îles Féroé).

La qualification à la Coupe du monde à la suite du match contre l'Irlande sur un but entaché d'une main de Thierry Henry crée la polémique. Même un joueur comme Cantona ne sera pas tendre à ce propos. « Ce n'est pas la main le pire, mais sa réaction après le but, comme le fait qu'il se soit assis à côté d'un Irlandais pour le consoler à la fin du match. » Et ça continue !

« Les Bleus sont ensuite critiqués sur le luxe de l'hôtel de résidence de l'équipe qui est le plus cher de tous les hôtels des équipes participant à la compétition. Les joueurs refusent

d'aller à Soweto avec Rama Yade à la suite des remarques de la secrétaire d'État sur le prix de l'hôtel de l'équipe de France, avant qu'elle-même ne se fasse épingler par le Canard enchaîné pour le prix de son hôtel, plus élevé que celui des footballeurs, d'après le journal satirique. » On reprochera aussi aux Bleus d'être distants avec les supporters et les Sud-Africains. Trop secrets ? Au final, on se demandera bien pourquoi. Vu qu'ils feront grève pour l'entraînement aussi.

Après la défaite contre le Mexique, L'Équipe fait sa une sur des insultes de Nicolas Anelka envers Raymond Domenech. Cette une fait scandale et la Fédération française de football décide, contre l'avis des cadres de l'équipe de France, d'exclure Anelka de l'effectif pour ces insultes. En réaction à l'exclusion de l'attaquant français, les Bleus décident de faire une grève de l'entraînement afin de montrer leur solidarité envers Nicolas Anelka. Et cerise sur le gâteau : une baston entre le capitaine Patrice Évra et le préparateur physique Robert Duverne devant un parterre de journalistes de la presse internationale. Et on continue, bravache jusque dans la défaite : « Après l'ultime match de la France dans la Coupe du monde 2010, une défaite 2-1, Raymond Domenech refuse de serrer la main du sélectionneur de l'Afrique du Sud, Carlos Alberto Parreira. » Au final, Paris, outragé, occupé et malmené, causera une réaction en chaîne qui conduira la FFF à « démissionner » son président, Pierre Escalettes, tandis que le président français, Sarkozy, hurle sur le ministère des Sports. Le médiatique Vikash Dhorasoo s'exprimera de manière très critique envers l'équipe de France qui représente selon lui « la France des banlieues » où « le pouvoir a été abandonné aux caïds et c'est ce que l'on retrouve en équipe de France ».

À la suite de cette élimination au premier tour, la France rétrograde à la 21e place du classement FIFA. Une polémique éclatera aussi à la suite des sifflets qui ont accompagné La Marseillaise. Allez, j'arrête le tir, j'ai la tension qui monte.

La composition de l'équipe de France en 2010

Gardiens

* Hugo Lloris
* Steve Mandanda
* Cédric Carrasso

Défenseurs

* Éric Abidal
* Bacary Sagna
* Anthony Réveillère
* Gaël Clichy
* Patrice Évra Capitaine
* William Gallas
* Marc Planus
* Sébastien Squillaci

Milieux de terrain

* Abou Diaby
* Alou Diarra
* Jérémy Toulalan
* Florent Malouda
* Sidney Govou
* Franck Ribéry
* Yoann Gourcuff
* Mathieu Valbuena

Attaquants

* André-Pierre Gignac
* Djibril Cissé
* Nicolas Anelka
* Thierry Henry

Sélectionneur

✫ Raymond Domenech

Réserve

✫ Mickaël Landreau
✫ Rod Fanni
✫ Adil Rami
✫ Yann M'Vila
✫ Hatem Ben Arfa
✫ Jimmy Briand

La saga Olivier Giroud

« Parfois hué… Souvent sifflé…
Toujours appelé… et toujours sélectionné ! »

Olivier Giroud en bref et en foot

Olivier Giroud s'inscrit dans la lignée des joueurs de grande classe, qui marquent et marqueront le football français et international. Et quoi qu'on en dise, il a réussi à imprimer sa marque dans la culture sportive et populaire française, comme tous ceux dont nous avons fait le portrait jusqu'ici. Personnalité complexe, homme dévot, mari et père de famille, il incarne des valeurs beaucoup moins aléatoires et bling bling que bien des joueurs de sa génération. Jusque dans son football. Prenons pour l'exemple ce commentaire de Thierry Henry : *« Giroud est le type d'attaquants de la vieille école, il tient le ballon, passe le ballon à l'ailier, entre dans la surface et se brise le cou pour marquer d'une tête. Il apporte beaucoup plus que seulement le but, dans le jeu. »*

Beaucoup de joueurs d'expérience et de haut niveau prennent la défense de Giroud, qui n'est pas exactement en position d'être chouchouté par les médias. Et par les supporters. Du fait de son décalage et de son style de vie peut-être moins « mode » que ses collègues. Du fait de son style classique. Gary Lineker affirme avoir l'impression qu'*« Olivier Giroud est sous-estimé, qu'il a un excellent jeu d'avant-centre complet, qu'il conserve bien la balle, qu'il bouge bien dans le rectangle et possède une finition de top classe »*. Citons aussi Didier Deschamps : *« Son style de jeu qui permet à l'équipe d'avoir des enchaînements ne l'empêche pas d'être efficace. »*

Giroud dispose d'une large panoplie maîtrisée pour marquer, tels que les volées, ciseaux, retournés, coups de tête, à l'aise pour les coups francs ou en dribblant les défenses, celui que certains surnomment affectueusement « l'équilibriste » est un joueur efficace. Giroud se définit comme un joueur collectif, citons son propos : *« J'estime que c'est important pour une équipe d'avoir un attaquant qui fait des choses que les gens ne voient pas, du pressing à la course pour dicter le passage, ouvrir des espaces… C'est un rôle plus global que les statistiques. »*

Olivier Giroud est né le 30 septembre 1986 à Chambéry. Remportant de nombreux titres, tant avec l'équipe de France qu'avec les clubs où il a joué, Olivier Giroud est l'un des rares joueurs français à atteindre la finale de la Coupe du monde, de l'Euro, de la Ligue des champions et de la Ligue Europa.

Palmarès

* Championnat de France : Champion en 2012
* Coupe de la Ligue : Finaliste en 2011
* Coupe d'Angleterre : Vainqueur en 2014, 2015 et 2017
* Community Shield : Vainqueur en 2014, 2015 et 2017
* Ligue des champions : Vainqueur en 2021
* Ligue Europa : Vainqueur en 2019
* Supercoupe d'Europe : Finaliste en 2019
* Coupe d'Angleterre : Vainqueur en 2018, finaliste en 2020 et 2021
* Coupe de la Ligue : Finaliste en 2019
* Championnat d'Italie : Vainqueur en 2022

En sélection nationale

* Olivier Giroud totalise 112 sélections
* 48 buts depuis 2011
* Finaliste du Championnat d'Europe 2016
* Remporte la Coupe du monde 2018

Giroud, la bio

* Formé au Froges OCF.
* Il signe son premier contrat professionnel en 2005 au Grenoble Foot (Ligue 2).
* 2008 : il intègre pour deux saisons le Tours FC (Ligue 2).
* Montpellier Hérault Sport Club, excellente saison 2011-2012, remporte le Championnat de France et est sélectionné en équipe de France pour l'Euro 2012.

Sélectionné à 112 reprises avec l'équipe de France, Olivier Giroud honore sa première sélection sous le mandat de Laurent Blanc et atteint les quarts de finale de l'Euro 2012 et de la Coupe du monde 2014. Giroud, qui devient ensuite un joueur clé de la sélection sous Didier Deschamps, atteint la finale de l'Euro 2016, avant de remporter la Coupe du monde 2018. Il est actuellement le deuxième meilleur buteur de l'histoire de l'équipe de France avec 48 réalisations, derrière Thierry Henry (51 buts) et devant Antoine Griezmann (42 buts).

Un petit détour : Giroud avec Arsenal en 2012

En août 2012, Giroud fait son premier match sous les couleurs des Gunners (première journée de Premier League face à Sunderland 0-0). En septembre, il joue son premier match de Ligue des champions face à ses anciens coéquipiers du Montpellier HSC (victoire 1-2). Le 26 septembre 2012, il marque son premier but avec Arsenal en ouvrant le score pour le troisième tour de la Coupe de la Ligue anglaise face à Coventry City (victoire 6-1). Le 6 novembre 2012, il marque son premier but en Ligue des champions lors du match face au FC Schalke (2-2). Quatre jours plus tard, il inscrit son premier doublé en Premier League face au Fulham FC (3-3). But et victoire (5-2) face à Tottenham. Doublé et 7-3 face à Newcastle, en Premier League. Le 23 janvier 2013, il inscrit de nouveau un doublé face à West Ham. Trois jours plus tard, il inscrit un troisième doublé consécutif face à Brighton (3-2). Dans la même semaine, but contre Liverpool. Bref, Giroud va vite et termine sa première saison avec 17 buts et 12 passes décisives en 46 matchs sous les couleurs d'Arsenal.

Lors de la présaison 2013-2014, il inscrit huit buts et devient le meilleur buteur du club sur la période. Il devient le quatrième joueur d'Arsenal à marquer sur chacune des trois premières journées de Premier League après Sylvain Wiltord (2002/2003), Thierry Henry (2003/2004) et José Antonio Reyes (2004/2005). Il s'agit également de son huitième but lors d'un derby londonien. Lors de la 37e journée de Championnat, il marque le seul but de son équipe contre West Bromwich qui permet de l'emporter.

2015

Le 23 août 2014, il permet à son équipe d'égaliser face à Everton à la 89e minute (2-2). Malgré sa performance, il se fracture le pied gauche et sera absent des terrains quatre mois. Il fait son retour sur la pelouse en novembre face à Manchester United. Malgré une nette domination et un but de Giroud, cela n'empêche pas les Gunners de concéder une première défaite à domicile en Premier League depuis août 2013 face à Aston Villa. En effet, Arsenal perd 2-1 après des marques de Kieran Gibbs contre son camp et de Wayne Rooney. Le retour de Giroud à Arsenal permet au club de redresser la barre car il réalise une performance exceptionnelle contre Newcastle (victoire 4-1) et il marque face à Liverpool (nul 2-2). Il se fait cependant exclure pour trois matchs face à QPR (victoire 2-1). Il marque face à Manchester City le 18 janvier 2015 où les Gunners battent le champion en titre 2-0. En février, il marque encore face à Crystal Palace où son équipe l'emporte 2-1. En huitièmes de finale de la Ligue des champions, face à Monaco, il livre une mauvaise prestation qui lui vaut de nombreuses critiques. Le 1er mars 2015, il se relance en championnat en ouvrant le score contre Everton. Le 17 mars, en huitièmes de finale retour de Ligue des champions, il ouvre le score contre Monaco. Arsenal s'impose 2-0 avec un second but de Ramsey mais ne parvient pas à se qualifier malgré leur domination nette sur les Monégasques. Quatre jours après, il permet encore aux Gunners de gagner face à Newcastle en inscrivant un doublé (victoire 2-1). Il confirme en marquant contre Liverpool le 4 avril et en se procurant de nombreuses occasions pour une victoire 4 buts à 1 des Gunners. En mai, alors qu'il est remplaçant, Giroud marque le quatrième but en finale de la FA Cup 2015 (victoire 4-0 pour Arsenal contre Aston Villa).

Giroud commence la saison 2015-2016 par le Community Shield. Arsenal soulève le trophée pour la deuxième fois avec celui de l'an passé, après s'être imposé d'un but face à Chelsea. Lors de la seconde journée de championnat, il inscrit son premier but de la saison lors d'un succès contre Crystal Palace (2-1). Giroud, rentré en jeu en seconde mi-temps, marque un but au cours de la cinquième journée de championnat face à Stoke City et consolide la victoire 2-0 des Gunners. Le 16 septembre, Arsenal commence sa saison européenne en Ligue des champions contre le Dinamo Zagreb. Giroud, ayant auparavant déjà écopé d'un carton jaune pour protestation, se fait expulser en fin de première période en recevant un deuxième carton. Il perd sa place d'attaquant au profit de Theo Walcott mais inscrit des buts lors de ses entrées en jeu : contre Leicester, Watford et le Bayern Munich, un but décisif. Il marque à l'extérieur contre Swansea de la tête, le 31 octobre. Le 4 novembre, lors de la défaite 5-1 en Ligue des champions face au Bayern Munich, il récidive en marquant d'un redoutable retourné acrobatique, laissant Manuel Neuer impuissant. Il faut attendre le match contre West Bromwich du 21 novembre 2015 pour le voir retrouver le chemin des filets, un but qu'il dédie aux victimes des attentats de Paris du 13 novembre. Le 9 décembre, Olivier Giroud marque son premier triplé en Ligue des champions avec les Gunners, à l'occasion d'un match pour la qualification de son club en 8e de finale. De par ses 3 buts, Giroud permet au club de se qualifier pour la suite de la compétition. Le 15 mai 2016, lors de la 38e et dernière journée de championnat, Olivier Giroud inscrit un coup du chapeau face à Aston Villa, qui permet aux Gunners de terminer la saison 2e au classement. Le match se termine donc avec un score de 4-0 pour Arsenal.

2017

Le saviez-vous ?

Le coup du scorpion. Le 1er janvier 2017, il marque d'un coup du scorpion face à Crystal Palace qui lui vaudra le Prix Puskás de la FIFA 2017. Le coup du scorpion est un geste effectué en sautant et en basculant, de façon à se retrouver presque en position horizontale, et en frappant alors le ballon avec les talons. Parfois réalisé avec un seul talon sans sauter. Il a été rendu célèbre par le gardien colombien René Higuita.

Olivier Giroud inscrit le but de l'égalisation à 3-3 face à Bournemouth dans les arrêts de jeu. Il est encore une fois décisif en Coupe d'Angleterre face à Preston North End, lors du troisième tour. Nommé capitaine pour la première fois de sa carrière, il offre la qualification aux siens en toute fin de match (1-2).
Le 28 septembre 2017, Giroud inscrit son 100e but toutes compétitions confondues sous le maillot d'Arsenal lors d'un match de Ligue Europa.

Sur le toit de l'Europe avec Chelsea FC
(2018-2021)

Sur les conseils de Didier Deschamps qui souhaite qu'il dispose de plus de temps de jeu, le 31 janvier 2018, Olivier Giroud s'engage pour un an et demi avec le Chelsea. L'attaquant français quitte Arsenal après avoir inscrit 105 buts en 253 matchs toutes compétitions confondues en l'espace de cinq ans et demi. Le 5 février 2018, il dispute son premier match avec les Blues en entrant à l'heure de jeu contre Watford en Premier League (défaite 4-1). Le 16 février suivant, il inscrit son premier but avec Chelsea lors d'un match comptant pour les huitièmes de finale de la Coupe d'Angleterre face à Hull City (4-0). Giroud inscrit ses deux premiers buts en Premier League avec Chelsea lors d'un match contre Southampton le 14 avril 2018 (2-3).

Buteur à quatre reprises lors de la phase de groupes de la Ligue Europa 2018-2019, il inscrit deux autres buts en seizièmes de finale, puis un triplé lors du huitième de finale retour qui oppose Chelsea au Dynamo Kiev (0-5). Il devient à cette occasion le meilleur buteur français sur une saison de Ligue Europa en atteignant un total de 9 buts.

21 mai 2019, Giroud, en fin de contrat, s'engage pour une saison supplémentaire avec Chelsea. Huit jours plus tard, il remporte la finale de la Ligue Europa, en ouvrant notamment le score face à son ancien club d'Arsenal (4-1). Il termine meilleur buteur de cette compétition avec 11 buts. Ce total fait de lui le meilleur buteur français sur une saison en coupe continentale. Il est nominé avec Eden Hazard et Luka Jovic pour le titre de meilleur joueur de la Ligue Europa 2019-2019 et finit 3ᵉ meilleur joueur de la compétition. Il est ensuite finaliste de la Supercoupe de l'UEFA 2019 où il marque un but. Malgré cette bonne saison européenne, il ne figure pas dans les 30 nominés pour le Ballon d'or 2019 (31ᵉ). Le 29 mai 2019, Olivier Giroud remporte la Ligue Europa avec le Chelsea FC.

Le 20 mai 2020, Giroud prolonge de nouveau d'une saison avec Chelsea. Buteur contre Wolverhampton (victoire 2-0) lors de la dernière journée du Championnat, l'attaquant de Chelsea devient le troisième meilleur buteur français de l'histoire de la Premier League derrière Nicolas Anelka et Thierry Henry. Auteur de 8 buts cette saison avec Chelsea (en 18 matchs dont 12 titularisations), Giroud a marqué ses 86 buts en Championnat en huit saisons. C'est un de mieux que Louis Saha, l'ancien de Manchester United.

> ### Le saviez-vous ?
>
> *Je ne suis pas un Benzema !* En septembre 2020, Olivier Giroud révèle au cours d'une interview qu'il avait la possibilité de signer à Lyon en janvier 2020, mais qu'il avait refusé car c'était le club où avait été formé Karim Benzema. Ce dernier n'étant à l'époque plus appelé en sélection nationale, Olivier Giroud avait peur de subir des attaques de ses fans qui avaient tendance à trop le comparer avec lui et devenaient menaçants. Force est de constater que tout au long de ce portrait, Giroud est « mal aimé » par une certaine partie du public comme par le staff de certaines équipes. Pourquoi ? Les résultats d'Olivier sont pourtant assourdissants !

Le 2 décembre 2020, Giroud est titularisé à la pointe de l'attaque des Blues pour Séville lors de la 5e journée de la Ligue des champions. Il inscrit un quadruplé pour une victoire 4-0. Le Français devient le premier joueur du club à réaliser une telle performance depuis Frank Lampard. Par la même occasion, Giroud devient le second joueur français à inscrire un quadruplé en C1 après Bafétimbi Gomis en 2011. Le 23 février 2021, il marque l'unique but du huitième de finale aller de la Ligue des champions face à l'Atlético de Madrid d'un retourné acrobatique, qui est salué par la presse sportive européenne. C'est son 6e but de la compétition et il est le 2e meilleur buteur de la compétition avec Neymar et Álvaro Morata, et avec ce but, il est le 4e joueur à avoir inscrit le plus de buts en compétition européenne depuis la saison 2018-2019, après Robert Lewandowski (27 buts), Lionel Messi (19 buts) et Erling Haaland (19 buts).
Olivier Giroud devient le premier joueur de Chelsea à marquer 6 buts ou plus en Ligue des champions depuis Didier Drogba (6 buts) lors de la saison 2011-2012.
La victoire de Chelsea contre le Real Madrid en Ligue des champions (3-1 sur les deux matchs) lui permet enfin de disputer une finale dans la compétition et de devenir le 11e joueur français après Zinédine Zidane, Bixente Lizarazu, Thierry Henry, Lilian Thuram, Didier Deschamps, Robert Pirès, Patrick Vieira, Fabien Barthez, Paul Pogba et Antoine Griezmann à atteindre la finale de la Coupe du monde, de l'Euro, de la Ligue des champions et de la Ligue Europa.
Sur la suite, on peut trouver ce texte à plusieurs reprises, voici :

« Il participe à sa 6ᵉ finale de Coupe d'Angleterre, lors de la défaite de Chelsea contre Leicester City. Le 29 mai 2021, il remporte sa première Ligue des champions contre Manchester City et finit meilleur buteur du club, de cette édition avec 6 buts. Bien que son arrivée à Chelsea fût contestée par une partie des supporters, il aura réussi à gagner leur respect de par sa détermination, son humilité et son envie de gagner dans les grands matchs. Il aura envoyé sur le banc des attaquants jugés plus talentueux, comme Gonzalo Higuain ou Alvaro Morata, profitant à chaque fois de la méforme de ses concurrents pour briller et briguer une place de titulaire. »

(Source en fin de livre)

Le saviez-vous ?

Carton rouge, carton jaune. Le carton rouge a été inventé lors de la Coupe du monde de football de 1966. Pendant un quart de finale particulièrement agressif entre l'Argentine et l'Angleterre, pays hôte, l'arbitre Rudolf Kreitlein expulse le capitaine et défenseur argentin Antonio Ubaldo Rattín. Il lui fait signe de quitter le terrain, mais le joueur refuse de sortir. Rattín finira par sortir, mais les instances dirigeantes demanderont à l'arbitre Ken Aston de trouver une solution à ce problème, ce qu'il fera en s'inspirant du feu tricolore : «jaune : attention, puis rouge : stop ». Depuis, on voit ce que ça donne… Efficace.

Scudetto à l'AC Milan
(depuis 2021)

Le 17 juillet 2021, l'attaquant français s'engage avec le club italien de l'AC Milan jusqu'en 2023 où il y portera le numéro 9. Il inscrit un but lors de son premier match avec l'AC Milan, lors d'un match amical contre l'OGC Nice. Il inscrit ses premiers buts dans le championnat italien lors du deuxième match de la saison contre Cagliari et reçoit la note de 7,5 par *La Gazzetta dello Sport*. Il est le 15ᵉ joueur français à marquer dans le championnat italien.

Le 5 février 2022, Olivier Giroud entre dans l'histoire du Derby de la Madonnina en étant notamment le deuxième joueur français, après Jean-Pierre Papin en 1992, à inscrire un doublé lors de ce derby avec ses deux buts inscrits en fin de match, qui permettent à l'AC Milan de remporter la rencontre (1-2) après avoir été mené au score jusqu'à la 75e minute. Son deuxième but du match lui permet de devenir le 10e meilleur buteur français de l'Histoire toutes compétitions confondues avec 291 buts. Le 9 février 2022, il inscrit un nouveau doublé lors de la victoire de l'AC Milan sur la Lazio Rome en quart de finale de la Coupe d'Italie. À deux journées de la fin du Championnat, Giroud est proche de remporter le titre de champion d'Italie, l'AC Milan possède deux points d'avance sur le deuxième, l'Inter Milan, et 7 points d'avance sur Naples. Giroud inscrit un doublé lors du dernier match du championnat, le 22 mai, contre Sassuolo qui couronne l'AC Milan du titre de champion. Lors de la présaison à l'été 2022, il inscrit 4 buts et profite de l'absence pour cause de blessure de Zlatan Ibrahimović.

Après deux premiers matchs débutés sur le banc, l'ancien Gunner aura en effet profité de sa première titularisation, face à Bologne, pour marquer son premier but de la saison. Une réalisation à la saveur toute particulière pour le champion du monde tricolore. Ce but aidant, l'attaquant de l'AC Milan a en effet atteint le cap des 300 buts en carrière.

Le saviez-vous ?

L'appel du pivot. En 2011, il est appelé pour la première fois par Laurent Blanc en équipe de France pour les deux matchs amicaux face aux États-Unis et à la Belgique. Blanc souligne qu'il aime bien avoir, à ce poste-là, un joueur atypique par la taille, avec un rôle de pivot. Le 11 novembre, il entre en jeu à la 59e minute à la place de Kevin Gameiro face aux États-Unis et connaît ainsi sa première sélection chez les Bleus. Le 29 février 2012, Benzema absent, il est titularisé et marque son premier but en équipe de France lors du match amical face à l'Allemagne. En mai 2012, il fait partie des joueurs sélectionnés par Laurent Blanc pour disputer l'Euro mais reste la doublure de Karim Benzema qui ne marque aucun but dans la compétition. Les Français sont éliminés en quarts de finale par l'Espagne (2-0), futur vainqueur de la compétition.

Quart de finaliste à la Coupe du monde

Le 16 octobre 2012, l'équipe de France se rend en Espagne dans le cadre des éliminatoires de la Coupe du monde 2014. Remplaçant en début de match,

Giroud entre en jeu à la 88e minute et marque le but égalisateur des Bleus cinq minutes plus tard (1-1). Le 22 mars 2013, il marque de la tête le premier but de l'équipe de France face à la Géorgie (3-1), match comptant pour les éliminatoires de la Coupe du monde 2014. Longtemps doublure de Benzema, Giroud est titularisé par Didier Deschamps lors du match retour contre la Géorgie. Le 11 octobre 2013, il marque son premier doublé en sélection lors d'un match remporté 6-0 par la France contre l'Australie. Lors du premier match de préparation des Bleus à la Coupe du monde 2014 face à la Norvège, Giroud inscrit un doublé pour une victoire 4-0. Durant le troisième et dernier match de cette préparation, il marque pour la huitième fois en bleu.

Dans la Coupe du monde 2014, il marque le 100e but de l'équipe de France en phase finale de la compétition, le 20 juin contre la Suisse (victoire 5-2) en reprenant de la tête un corner tiré par Mathieu Valbuena et délivre quelques minutes plus tard une passe décisive pour ce dernier. L'équipe de France est éliminée en quarts de finale par l'Allemagne sur le score de 0-1.

Bonus
Consécration de Giroud à la Coupe du monde 2018

Giroud reste titulaire en pointe de l'attaque tricolore. Souvent critiqué et vivant une saison compliquée avec Arsenal, l'attaquant français répond présent face au Luxembourg (3-1), match comptant pour les éliminatoires de la Coupe du monde 2018. Il marque deux buts qui lui permettent d'entrer dans le top 10 des meilleurs buteurs français de l'histoire avec 23 buts, et d'avoir le troisième meilleur ratio but par minute de l'histoire de l'équipe de France. Le 2 juin 2017, au Roazhon Park, Giroud marque un triplé en amical face au Paraguay, il s'agit du premier triplé d'un Bleu depuis David Trezeguet le 16 août 2000.

Le 17 mai 2018, il fait partie des vingt-trois joueurs français sélectionnés pour disputer la Coupe du monde 2018.

Olivier Giroud n'est pas titulaire au début de la compétition, Ousmane Dembélé lui est préféré. « *Lors du premier match contre l'Australie, alors que la France se dirige vers un match nul, Giroud remplace Antoine Griezmann. À la 81ᵉ minute, Paul Pogba réalise un premier une-deux avec Kylian Mbappé, un second avec Giroud, avant de reprendre d'un tir lobé du droit. Le ballon, légèrement dévié par Aziz Behich, trouve la barre et rebondit derrière la ligne de but.* »

À la suite de ce match, Giroud devient le titulaire de l'attaque. « *Face à l'Argentine en huitièmes de finale sur une contre-attaque partie de Lloris, Matuidi lance Giroud face à la défense à trente mètres. L'attaquant décale Mbappé sur sa droite qui n'a plus qu'à tromper Franco Armani d'une frappe croisée du droit.*
Lors des demi-finales contre la Belgique, Giroud fait une frappe en pivot qui est contrée de justesse par Vincent Kompany et les Bleus obtiennent un corner côté droit. Samuel Umtiti surgit au premier poteau pour devancer Marouane Fellaini et marquer de la tête sur le centre de Griezmann. À la 79ᵉ minute de jeu, alors qu'Eden Hazard se montre dangereux aux abords de la surface de réparation, Giroud revient pour le tacler. Les supporters de Diables se sentiront floués par l'arbitrage. »

« *En finale, contre la Croatie, il ne marque pas, mais à la 34ᵉ minute, l'équipe de France obtient un corner côté droit, tiré par Griezmann depuis la droite vers Matuidi qui reprend de la tête au premier poteau, mais Ivan Perišić détourne de la main la reprise du Français. Olivier Giroud va voir de suite l'arbitre pour signaler une faute de main. Sous la pression de Giroud, l'arbitre utilise l'arbitrage vidéo et désigne le point de penalty qui sera réussi par Griezmann.* »

Giroud termine la compétition avec deux passes décisives et un seul tir cadré, mais son rôle de joueur pivot au sein de l'attaque, le fait de fatiguer les défenses et son abattage défensif sont salués par la presse, tout comme par ses coéquipiers. « *C'est quand il n'est pas là qu'on voit son importance dans l'équipe* », dit Lucas Hernandez après le premier match face à l'Australie que le pivot ne joue pas, avant de démarrer les six rencontres suivantes en tant que titulaire. « *Ceux qui disent qu'il ne sert à rien ne comprennent rien au foot ! Tout ce qu'il fait est pour le bien de l'équipe. Son rôle est capital pour nous. Il est essentiel à notre style de jeu* », ajoute Adil Rami.

Ligue des nations 2019 et Euro 2020

On le retrouve le 9 septembre 2018 lors d'un match de Ligue des nations contre les Pays-Bas, et permettant à l'équipe de France de l'emporter 2-1. Il met ainsi fin à une série de dix matchs sans but en sélection. Giroud dépasse Zinédine Zidane au classement des buteurs en inscrivant son trente-deuxième but avec les Bleus ce jour-là.

Le 22 mars 2019, Giroud inscrit le troisième but de l'équipe de France face à la Moldavie lors de la première journée des éliminatoires de l'Euro 2020 (victoire 1-4). Il rejoint ainsi David Trezeguet à la troisième place du classement des buteurs en équipe de France avec 34 buts. Il marque à nouveau lors de la victoire (4-0) face à l'Islande, et s'installe seul sur la troisième marche du podium des buteurs en sélection derrière Michel Platini (41 buts) et Thierry Henry (51 buts).

Le 7 octobre 2020, Olivier Giroud honore sa centième sélection en équipe de France en étant titularisé contre l'Ukraine. Il inscrit à cette occasion ses 41e et 42e buts sous le maillot bleu et prend la seconde place au classement des meilleurs buteurs de l'histoire de l'équipe de France, derrière Thierry Henry (51) et dépassant Michel Platini (41). Le 17 novembre 2020, il inscrit un doublé contre la Suède lors du dernier match de poule du groupe C de la ligue A de la Ligue des nations 2021 et porte son total de buts à 44. Olivier Giroud finit meilleur buteur de l'année civile pour la cinquième fois et rejoint au classement Jean-Pierre Papin. L'équipe de France étant première du groupe, elle est qualifiée pour les demi-finales de la Ligue des nations qui se joue le 7 octobre 2021. Il est sélectionné par Didier Deschamps pour disputer l'Euro 2020. Lors du dernier match de préparation, le 8 juin 2021 contre la Bulgarie, il marque un doublé.

Il n'est pas sélectionné par Didier Deschamps pour disputer la phase finale de la Ligue des nations qui se déroule en Italie alors qu'il est le meilleur buteur français dans cette compétition avec 3 buts. Malgré sa participation à la phase de groupe de la compétition, il ne reçoit pas la médaille allouée aux vainqueurs. Le 19 février 2022, il est convoqué de nouveau en équipe de France à la suite du forfait de Karim Benzema. À la suite de cette convocation, il est titulaire face à la Côte d'Ivoire et inscrit son 47e but en équipe de France. Il marque son 48ᵉ avec les Bleus face à l'Afrique du Sud le 29 mars 2022. Il est, avec ce 48ᵉ but, le 3ᵉ joueur à avoir marqué onze buts consécutifs à domicile après Paul Nicolas en 1928 et Michel Platini en 1984.

Lors de ce match contre l'Afrique du Sud, il fait partie de l'équipe de France qui cumule le plus grand nombre de buts des titulaires au coup d'envoi d'un match (121 buts, battant le record de Croatie-France à l'Euro 2004, les Bleus de Santini comptaient 112 buts).

Bonus
Palmarès en bleu
Dans les yeux d'Olivier

Avec l'équipe de France de football, Giroud est 2ᵉ au classement des meilleurs buteurs de l'Histoire (derrière Thierry Henry, 51 buts) et 5ᵉ au classement du nombre d'apparitions en équipe de France avec 112 sélections. Il finit meilleur buteur de l'année civile à 5 reprises avec l'équipe de France (derrière Michel Platini, 7 fois, et Paul Nicolas, 6 fois). Il est le meilleur buteur de l'histoire des Bleus au Stade de France, avec 24 buts (devant Thierry Henry, 20 buts) et sur le sol français, avec 36 buts (devant Thierry Henry, 31 buts). Il est le plus vieux joueur de l'histoire (34 ans et 251 jours) à inscrire un doublé lors d'une rencontre avec l'équipe de France (devant Juste Brouzes, face à l'Italie, le 29 mai 1928) et le 2ᵉ plus vieux joueur de l'Histoire à inscrire un but avec l'équipe de France (derrière Roger Marche, en 1959), contre la Côte d'Ivoire.

Il est le 3ᵉ joueur à avoir marqué onze buts consécutifs à domicile après Paul Nicolas en 1928 et Michel Platini en 1984. Il est le 4ᵉ joueur le plus décisif de l'équipe de France. Il est 5ᵉ au classement des meilleurs buteurs de l'histoire de l'équipe de France en phase finale du Championnat d'Europe. Il inscrit également le 100ᵉ but des Bleus en Coupe du monde lors de la Coupe du monde 2014. Olivier Giroud détient le record du joueur ayant porté le plus souvent le numéro 9 de l'histoire de l'équipe de France (112 au 5 avril 2022). Lors de l'Euro 2016, il est élu homme du match contre l'Islande et remporte le Soulier de Bronze du Championnat d'Europe en 2016 (3 buts). Lors de l'Euro 2020, à l'occasion des huitièmes de finale face à la Suisse, Olivier Giroud effectue sa 38ᵉ entrée en cours de match avec les Bleus qui constitue un record dans l'histoire de l'équipe de France. Avec son entrée contre la Hongrie à l'Euro 2020, il devient le premier joueur français à enregistrer 100 apparitions internationales sous la direction d'un même sélectionneur. Il est membre de l'équipe de l'année World Soccer Awards en 2018, de l'équipe européenne de l'année France Football en 2018 et 2020, membre de l'équipe de France qui dispute 22 matchs en ayant mis à chaque fois un but (entre le 14 octobre 2020 et le 29 mars 2022), membre de l'équipe de France qui est la septième équipe ayant le plus fort pourcentage de victoires (2019, 82 %), membre de l'équipe de France qui détient simultanément le bâton de Nasazzi, le trophée de l'UFWC et le bâton de Netto (au 20 mai 2022) et membre de l'équipe de France qui cumule le plus grand nombre de buts des titulaires au coup d'envoi d'un match (lors du match France-Afrique du Sud du 30 mars 2022, 121 buts).

Au niveau français, Olivier Giroud est le 1ᵉʳ joueur français à inscrire plus de 10 buts sur une saison de Coupe d'Europe (11 buts lors de la Ligue Europa en 2018-2019) et le 2ᵉ meilleur buteur français sur une saison de l'histoire des Coupes d'Europe avec 11 buts (derrière Karim Benzema, 15 buts). Il est le 5ᵉ meilleur buteur français toutes compétitions européennes de clubs confondues (35 buts pour 72 matchs), le 6ᵉ meilleur buteur français dans un club étranger des grands championnats (107 buts), le 6ᵉ meilleur buteur français de l'Histoire jouant dans les championnats majeurs européens (101 buts), le 8ᵉ meilleur buteur français en Ligue des champions (19 buts pour 49 matchs), le 11ᵉ meilleur buteur français de l'Histoire toutes compétitions confondues et 11ᵉ joueur français à atteindre la finale de la Coupe du monde, de l'Euro, de la Ligue des champions et de la Ligue Europa. Il est le meilleur buteur français sur une année civile en 2015 (31 buts).

Bonus
La coupe du monde 2018

La Coupe du monde de football 2018 est la 21ᵉ édition. Elle se déroule en Russie du 14 juin au 15 juillet 2018 et est remportée par l'équipe de France. Le tirage au sort des qualifications a lieu le 25 juillet 2015 à Saint-Pétersbourg. Le tirage au sort du tournoi a lieu le 1ᵉʳ décembre 2017 au Kremlin à Moscou. Outre la Russie, qualifiée d'office en tant que pays organisateur, le Brésil est la première équipe qualifiée en s'assurant dès le 28 mars 2017 de figurer parmi les quatre premiers de la zone Amérique du Sud.

La phase qualificative est ponctuée par la première participation à une phase finale de l'Islande et du Panama et par l'absence des Pays-Bas (finalistes en 1974, 1978 et 2010 et troisièmes en 2014), ainsi que de l'Italie, l'un des pays les plus titrés avec quatre trophées (1934, 1938, 1982 et 2006), qui n'avait manqué aucune édition du Mondial depuis 1958.

Au premier tour, c'est l'élimination de l'Allemagne qui restait sur quatre présences consécutives en demi-finale du Mondial et avait toujours atteint au moins les quarts de finale depuis 1954.

À noter aussi qu'aucune équipe africaine ne réussit à s'extraire du premier tour, pour la première fois depuis 1982.

Dix équipes européennes, cinq latino-américaines et une asiatique (le Japon) sont présentes en huitièmes de finale, ponctuée par les éliminations de l'Espagne (aux tirs au but face à la Russie) et de l'Argentine (sortie 4-3 par la France).

Les quarts de finale voient les deux dernières équipes sud-américaines, l'Uruguay et le Brésil, tomber respectivement face à la France (2-0) et la Belgique (2-1). Le dernier carré sera donc à 100 % européen pour la cinquième fois dans l'histoire de la compétition après 1934, 1966, 1982 et 2006. Pour la première fois dans l'histoire de la compétition, ni le Brésil, ni l'Allemagne, ni l'Italie, ni l'Argentine ne sont présents en demi-finales.

Le tournoi débouche sur une finale inédite entre la France, et la Croatie, qui accède pour la première fois à la finale (devenant ainsi historiquement le treizième pays finaliste de la Coupe du monde). Cette finale voit la victoire des

Bleus qui s'imposent 4 buts à 2, décrochant ainsi leur deuxième étoile. Pour la « petite finale » pour la troisième place, elle est remportée par la Belgique, qui bat l'Angleterre 2-0.

2018 en 4 Matchs

Huitièmes de finale
30 juin 2018
France/Argentine
Kazan Arena, Kazan
4-3

✱　Griezmann inscrit après 13 minutes
✱　Pavard inscrit après 57 minutes
✱　Mbappé inscrit après 64 minutes
✱　Mbappé inscrit après 68 minutes

Dans ce premier huitième de finale, la France affronte l'Argentine. Le début du match est à l'avantage des Français qui opèrent en contre-attaque avec la vitesse de Kylian Mbappé comme atout. Ce dernier provoque en première mi-temps trois coups francs dangereux et un penalty transformé par Antoine Griezmann. Néanmoins, l'Argentine parvient à renverser la situation en menant 2-1 au bout de 50 minutes grâce à Ángel Di María et Gabriel Mercado (qui dévie une frappe de Lionel Messi et prend Hugo Lloris à contre-pied), sur un manque de la défense tricolore.

Benjamin Pavard égalise d'une reprise en demi-volée aux 20 m de l'extérieur du pied droit sur un centre de Lucas Hernandez, qui sera à l'issue de la compétition élu le meilleur but de la Coupe du monde 2018, puis Mbappé marque deux buts en quatre minutes. Le second, remarquable, est le résultat d'une action collective partant d'une relance d'Hugo Lloris pour aboutir à une passe décisive d'Olivier Giroud. La France est qualifiée pour les quarts de finale, mais encaisse trois buts dans un match de Coupe du monde, et c'est la première fois depuis 1982.

Le saviez-vous ?

Doublés. Kylian Mbappé est le plus jeune joueur à inscrire un doublé en match éliminatoire de la Coupe du monde depuis Pelé en 1958.

172

**Quarts de finale
6 juillet 2018
Uruguay/France
Stade de Nijni, Novgorod
0-2**

✶   Varane   inscrit après 40 minutes
✶   Griezmann inscrit après 61 minutes

Raphaël Varane marque le premier but après 40 minutes en coupant de la tête au point de penalty, un coup franc tiré de la droite par Antoine Griezmann. Dans la foulée, Hugo Lloris sauve son équipe en réalisant une parade en extension sur une tête de Martín Cáceres. À la soixantième minute, Paul Pogba fait une passe à Corentin Tolisso qui trouve Antoine Griezmann sur la gauche, qui marquera. Les Bleus ne sont pas mis en danger durant la fin du match et atteignent l'objectif fixé au départ : être présents dans le dernier carré.

**Demi-finales
10 juillet 2018
France/Belgique
Stade Krestovski, Saint-Pétersbourg
1-0**

✶   Samuel Umtiti inscrit après 51 minutes

La France se qualifie pour la sixième fois de son histoire pour les demi-finales de la Coupe du monde, après 1958, 1982, 1986, 1998 et 2006. Ce qui la place derrière l'Allemagne, le Brésil et l'Italie qui ont atteint respectivement 13, 11 et 8 fois le « dernier carré ». La Belgique (14 buts depuis le début de la compétition) a réussi le tour de force d'éliminer le Brésil, l'un des grands favoris de la compétition. Les 25 premières minutes sont dominées par les Belges, grâce à Eden Hazard. Samuel Umtiti marque un but de la tête (51ᵉ) sur un corner obtenu par Olivier Giroud, tiré par Antoine Griezmann.

Finale de la Coupe du monde de football 2018
15 juillet 2018, 18 : 00 heure locale
France/Croatie
Stade Loujniki, Moscou
4-2

* Mandžukić inscrit après 18 minutes
* Griezmann inscrit après 38 minutes
* Pogba inscrit après 59 minutes
* Mbappé inscrit après 65 minutes
* Perišić inscrit après 28 minutes
* Mandžukić inscrit après 69 minutes

Les Bleus souffrent en première période, face à des Croates à plus de 68 % de possession qui dictent le jeu, mais les joueurs de Deschamps parviennent toutefois à atteindre la pause en menant 2-1.

Le premier but est inscrit contre son camp par Mario Mandžukić qui dévie de la tête hors de portée de son gardien Danijel Subašić un coup franc tiré par Antoine Griezmann. Ivan Perišić égalise dix minutes plus tard dans la surface française. Mais une main du même Perišić pressé par Blaise Matuidi sur un corner tiré par Antoine Griezmann débouche sur un penalty, lequel est transformé à la 38e minute. De la 59e à la 65e en deuxième période, le score bascule définitivement en faveur de la France : Paul Pogba marque le troisième but français. Kylian Mbappé clôturera le score français. Enfin, une erreur d'Hugo Lloris aboutit à la réduction de l'écart pour la Croatie. Le match s'achève à 4-2.

La France est la première équipe à gagner la finale en marquant quatre buts depuis le Brésil en 1970 et remporte sa deuxième étoile vingt ans après la première pour rejoindre l'Argentine et l'Uruguay.

Le saviez-vous ?

Une pluie de récompenses. À l'issue de la compétition, Luka Modrić est élu meilleur joueur de la Coupe du monde, et Kylian Mbappé meilleur jeune de la compétition. Thibaut Courtois meilleur gardien, alors qu'Harry Kane en est le meilleur buteur avec six réalisations. Quant à Didier Deschamps, il devient le troisième homme, après Mário Zagallo et Franz Beckenbauer, à gagner le trophée planétaire comme joueur puis comme sélectionneur.

Bonus
Franz Beckenbauer

Franz Anton Beckenbauer est né le 11 septembre 1945 à Munich.
Ce grand nom de l'histoire du football remportera en tant que capitaine de l'équipe d'Allemagne de l'Ouest le Championnat d'Europe de 1972 et la Coupe du monde 1974. En plus de ses succès internationaux, il mène également le Bayern Munich au triplé en Coupe des clubs champions européens (1974-1976) et il est élu deux fois Ballon d'or, en 1972 et 1976. Il devient ensuite sélectionneur national de l'Allemagne et remporte la Coupe du monde 1990. Il est considéré, avec Paolo Maldini, Franco Baresi et Bobby Moore, comme l'un des 4 meilleurs défenseurs centraux de l'histoire du football.

Le surnom « der Kaiser » lui est donné à partir de 1968. Beckenbauer racontera que l'origine de ce surnom lui vient de l'idée saugrenue d'avoir pris la pose près d'un buste de l'empereur François-Joseph Ier (en allemand Kaiser Franz Joseph I). Les journaux publieront la photo avec le titre Fußball Kaiser (*l'empereur du football*).
Président d'honneur du Bayern Munich depuis 2009, il préside le club entre 1994 et 2009. Il est également vice-président de la DFB entre 1998 et 2010, et membre du comité exécutif de la FIFA entre 2007 et 2011. Il a par ailleurs dirigé le comité d'organisation de la Coupe du monde 2006.

À ce jour, il est, avec Mário Zagallo et Didier Deschamps, un des trois seuls footballeurs à avoir gagné la Coupe du monde à la fois en tant que joueur et en tant qu'entraîneur. Il fait partie de l'équipe mondiale du XXe siècle.

La saga Antoine Griezmann

*« Au début, j'observe, et après, j'essaie de m'affirmer,
de rigoler avec tout le monde, sans trop la ramener.
Le chemin est encore long pour moi. »*

Antoine Griezmann en bref et en foot

* Griezmann est champion de la Segunda División en 2010 avec la Real Sociedad.
* Avec l'Atlético de Madrid, il remporte la Supercoupe d'Espagne en 2014.
* Finaliste de la Ligue des champions en 2016.
* En 2018, il gagne la Ligue Europa contre l'Olympique de Marseille (3-0), ainsi que la Supercoupe d'Europe contre le Real Madrid (4-2).
* Vice-champion d'Espagne en 2018 et 2019.
* Avec le FC Barcelone, vice-champion d'Espagne en 2020 et finaliste de la Supercoupe d'Espagne en 2021.
* Il remporte ensuite la Coupe du Roi 2020-2021 (4-0).
* Antoine Griezmann est champion du monde avec l'équipe de France en 2018.
* Avec l'équipe de France des moins de 19 ans, il remporte le Championnat d'Europe en 2010 contre l'Espagne (2-1).
* Il est finaliste de l'Euro 2016 après une défaite contre le Portugal.
* Il remporte la Ligue des nations 2021 face à l'Espagne (2-1).
* Il reçoit le Trophée UNFP du meilleur joueur français évoluant à l'étranger en 2016 et est classé 2ᵉ au Prix UEFA du meilleur joueur d'Europe en 2016.
* Il termine meilleur buteur de l'Euro 2016 (6 buts) et est élu meilleur joueur du tournoi.
* En 2016, il remporte le Prix LFP du meilleur joueur de la Liga.
* Il est désigné Joueur français de l'année 2016 par *France Football*.
* En 2018, il est désigné Ballon de bronze de la Coupe du monde.
* Le 31 août 2018, il est élu meilleur joueur de la Ligue Europa 2017-2018.
* Il finit meilleur buteur français sur une année civile en 2018 (33 buts).
* En 2019, il est, pour la quatrième année consécutive, présent au classement du Ballon d'or 2019.
* Membre de l'équipe de l'Atlético de Madrid (2016) qui est désigné 11ᵉ plus grande équipe de l'histoire du football (janvier 2020).
* Il est l'un des 11 joueurs français à avoir atteint la finale de l'Euro (2016), de la Coupe du monde (2018), de la Ligue Europa (2018) et de la Ligue des champions (2016).

C'est maintenant la bio d'Antoine, m'a dit maman

En 2005, Griezmann est en formation avec la Real Sociedad, en parallèle de ses études qu'il poursuit à Bayonne, et il est promu dans l'équipe réserve pour les saisons 2007-2008 et 2008-2009 en division 3 espagnole. À l'approche de la saison 2009-2010, il est appelé dans l'équipe première et joue la présaison. En septembre 2009, il joue son premier match officiel avec la Real Sociedad contre le Rayo Vallecano en Copa del Rey, mais ne rentre qu'à la 79ᵉ minute (0-2). Le 27 septembre, à sa première titularisation, il marque en deuxième division espagnole, contre Huesca (2-0). Il s'illustre en marquant 5 buts en 4 matchs et gagne une place définitive dans l'équipe première jusqu'à la fin de la saison. L'équipe monte en Liga BBVA et gagne le titre de Champion de Segunda Division et Griezman signe son premier contrat professionnel.

Saison 2010-2011

✯ Match en Liga le 29 août 2010 contre Villarreal, victoire 1-0.
✯ 8ᵉ journée, 25 octobre, but contre La Corogne, 3-0.
✯ But à Málaga (extérieur), 1-2.

✳ Le 17 avril 2011, premier doublé qui donne la victoire à la Sociedad contre le Sporting Gijón (2-1).

✳ Il termine la saison sur un bilan de 39 matchs, 8 buts et 3 passes décisives.

Saison 2011-2012

✳ But marqué contre Barcelone, 2e journée de Liga le 10 septembre 2011 pour obtenir le nul (2-2).

✳ 4e tour aller de la Copa del Rey face à Grenade, un but (4-1).

✳ But le 12 mai 2012 face au Valence CF.

✳ Sa saison se termine sur 8 buts et 4 passes décisives en 38 matches joués.

Saison 2012-2013

Antoine Griezmann et son équipe perdent 6 matchs sur les dix premiers de la saison 2012-2013. Mais une série de 7 matchs sans défaite (4 victoires et 3 nuls) entre la 11e et la 17e journée permet à la Sociedad de grimper de dix places et de finir l'année civile à la 7e place.

✳ Doublé lors de la 9e journée, Valladolid (2-2).

Le 6 janvier 2013, face au Real Madrid, son équipe s'incline contre Madrid (4-3). La Real Sociedad va pourtant entamer une série de 15 matchs sans défaite dont 8 victoires (victoire face au leader du FC Barcelone (3-2) et contre l'Atlético de Madrid (0-1). Durant cette série, Griezmann marquera à 5 reprises, dont deux pour la victoire contre le Valladolid.

✳ La saison s'achève sur un total de 35 matches, 11 buts et 5 passes décisives.

Bonus
Les matchs de barrages de la Coupe du monde 2022

Match de barrage : match servant à départager deux concurrents ou deux équipes qui, au cours d'une compétition générale (championnat, coupe, etc.), sont à égalité de points.

Règlement des matchs de barrages
Extrait du règlement de la FIFA

Dans le format par élimination directe, les deux équipes disputent un match aller et un match retour ; la FIFA tire au sort l'équipe qui reçoit en premier. L'équipe ayant marqué le plus grand nombre de buts dans les deux matchs est qualifiée pour le tour suivant. Si les deux équipes inscrivent le même nombre de buts dans les deux matchs, les buts marqués à l'extérieur comptent double. Si le nombre de buts inscrits à l'extérieur est le même ou si les deux matchs se terminent par un score nul et vierge, une prolongation de deux fois 15 minutes sera disputée à la fin du second match. La prolongation fait partie intégrante du second match. Si aucun but n'est marqué au cours de la prolongation, l'épreuve des tirs au but devra déterminer le vainqueur, conformément à la procédure prévue par les Lois de Jeu. Si les deux équipes inscrivent le même nombre de buts lors de la prolongation, l'équipe en déplacement sera déclarée victorieuse au bénéfice du nombre de buts marqués à l'extérieur. (*Source : fifa.com*)

En cas de match de barrage unique disputé, une prolongation sera disputée en cas d'égalité à l'issue du temps réglementaire. Cette prolongation se compose de deux périodes de 15 minutes, avec une pause de cinq minutes à l'issue du temps réglementaire du match, mais pas entre les deux mi-temps de la prolongation. Les joueurs doivent rester sur le terrain entre la fin du temps réglementaire et le début de la prolongation, ainsi qu'entre les deux périodes de la prolongation. Si le score est toujours de parité à l'issue de la prolongation, le vainqueur est désigné par l'épreuve des tirs au but, conformément à la procédure prévue par les Lois du Jeu.

Les dates

* Barrage Europe demi-finale : 25 mars 2022
* Barrage Europe finale : 29 mars 2022
* Barrage Aller Afrique : 25 mars 2022
* Barrage Retour Afrique : 29 mars 2022

Décision FIFA

La Russie est exclue des compétitions internationales par la FIFA et l'UEFA. Le pays ne participera pas aux matchs de barrages à la Coupe du monde 2022. Le match entre l'Écosse et l'Ukraine fut reprogrammé en juin. Qualifiée d'office pour la finale du parcours B, la Pologne affrontera le vainqueur de Suède-République tchèque.

Les équipes barragistes

* Portugal
* Suède
* Écosse
* Macédoine
* Pologne
* Italie
* Ukraine
* Pays de Galles
* Turquie
* Pérou
* Australie
* Emirats arabes unis
* Nouvelle-Zélande
* Costa Rica

Saison 2013-2014

Antoine Griezmann se fait remarquer lors du match contre l'Olympique lyonnais durant les barrages de Ligue des champions. Il marque au match aller (0-2) et fait une passe décisive à Carlos Vela au match retour (2-0), permettant à la Real Sociedad de gagner 4-0 sur l'ensemble des deux matches.

En avalanche

* But face au FC Séville (1-1), 7e journée de Liga.
* But en 9e journée, Valence (1-2).
* 2 doublés contre Almería (3-0), 10e journée, et contre le Real Valladolid (2-2) en 11e journée.

La Real Sociedad termine 4e et dernière d'un groupe relevé avec Manchester United, le Bayer Leverkusen et le Chakhtar Donetsk. Lors de cette première partie de saison, il marque 13 buts en 25 matches et, avec 18 réalisations durant l'année civile 2013, il arrive en tête des buteurs français en championnat. Contre Barcelone (leader), il marque son 15e but en Liga. Il confirme aussi au quotidien *Sud-Ouest* avoir reçu une pré-convocation en équipe de France.

* Le 27 janvier 2014, doublé et passe décisive contre Elche (victoire 4-0).

Comme vous le savez, il sera retenu par Didier Deschamps pour le match contre les Pays-Bas. Au terme d'une saison où il marquera 20 buts et délivrera 5 passes décisives en 50 matchs, il sera sélectionné pour la Coupe du monde 2014.

Bonus
La Coupe du monde 2014

La Coupe du monde de football 2014 était la 20e édition organisée par la FIFA et réunissait les 32 meilleures sélections nationales de football. La phase finale a eu lieu au Brésil du 12 juin au 13 juillet 2014. L'Allemagne remportera le titre en s'imposant en finale contre l'Argentine.

Avec le pays organisateur, toutes les équipes championnes du monde depuis 1930 (Uruguay, Italie, Allemagne, Angleterre, Argentine, France et Espagne) se sont qualifiées pour cette compétition. Le tirage au sort des huit groupes de quatre équipes du premier tour est effectué le 6 décembre 2013 à Costa do Sauípe.

Le saviez-vous ?

Une petite nouvelle. La Coupe du monde 1994 est la première compétition internationale à laquelle participe la Bosnie-Herzégovine. L'équipe de Bosnie-Herzégovine de football fut créée en 1992, elle est l'équipe nationale représentant la Bosnie-Herzégovine. Cette équipe est présentée par la Fédération de Bosnie-Herzégovine, qui n'est affiliée à la FIFA que depuis 1996 et à l'UEFA depuis 1998. Jusqu'en 1992, les joueurs bosniens faisaient partie de l'équipe de Yougoslavie.

* Le Brésil ouvre la compétition par une victoire 3-1 face à la Croatie le 12 juin 2014 à l'Arena Corinthians de São Paulo.
* S'ensuit une victoire des Néerlandais face aux Espagnols tenants du titre (5-1), sortis dès la phase de poules.
* Défaite du Portugal (éliminé au premier tour) face à l'Allemagne (0-4)
* Victoire de la France sur les Suisses (5-2).

Le premier tour est en outre marqué par les éliminations de l'Angleterre, et de l'Italie, pourtant quadruple championne du monde. 136 buts sont marqués lors de cette première phase du tournoi, ce qui constitue le record pour une Coupe du monde à 32 équipes.

Huit équipes des Amériques, six équipes européennes et deux équipes africaines sont présentes en huitièmes de finale.

Depuis l'élargissement du tournoi à 32 sélections, il s'agit de la première fois où les huit équipes ayant terminé en tête de leur poule au premier tour se retrouvent toutes en quarts de finale. Le Brésil, l'Allemagne, l'Argentine et les Pays-Bas sont présents en demi-finales de la compétition. Elles cumulent 21 finales de Coupe du monde et 10 titres remportés.

* L'Allemagne est la première formation de l'Histoire à atteindre quatre fois de suite le dernier carré du Mondial.
* La Colombie, la France, la Belgique et le Costa Rica sont éliminés dans cette phase de jeu.

La demi-finale du Brésil face à l'Allemagne est marquée par le score historique de 7-1 en faveur de la Mannschaft. En finale au stade Maracanã de Rio de Janeiro, l'Allemagne et l'Argentine s'affrontent une troisième fois pour le titre après 1986 et 1990, et les Allemands s'imposent 1-0 (comme en 1990) en prolongation sur un but de Mario Götze, remportant leur quatrième Coupe du monde.

* L'Allemagne devient le premier pays européen à remporter une Coupe du monde sur le continent américain.

Le Colombien James Rodríguez est le meilleur buteur de ce Mondial avec six buts ; l'Argentin Lionel Messi est désigné meilleur joueur ; l'Allemand Manuel Neuer meilleur gardien de but, et le Français Paul Pogba meilleur jeune.

Sa Coupe du monde 2014

Après une bonne saison avec la Real Sociedad, Griezmann est appelé par Didier Deschamps pour faire partie de la liste des 23 Français qui s'envoleront pour la Coupe du monde au Brésil. Il s'illustre lors des matchs de préparation pour la Coupe du monde en marquant ses trois premiers buts en deux matchs, le premier contre le Paraguay (1-1) avant d'inscrire un doublé contre la Jamaïque (8-0) le 8 juin 2014. Griezmann joue ainsi son premier match en compétition officielle avec la France lors du Mondial brésilien, le 16 juin 2014, face au Honduras. Contre la Suisse, il n'entre en jeu qu'en fin de match et ne retrouve sa place de titulaire que lors du dernier match contre l'Équateur. En huitièmes de finale face au Nigeria, il n'entre en jeu que pour la dernière demi-heure et participe à la victoire des siens 2-0. La compétition s'arrête pour l'équipe de France en quart de finale face à l'Allemagne, défaite 1-0.

L'Atlético de Madrid

« Le 27 juillet 2014, Antoine Griezmann s'engage avec le champion d'Espagne en titre, l'Atlético de Madrid, pour six ans et pour un montant estimé à 30 millions d'euros. Il jouera les deux matchs de la Supercoupe d'Espagne. »

* Le 16 septembre 2014, il inscrit son premier but en Ligue des champions lors de la première journée face à l'Olympiakos (défaite 3-2).
* Le 1er novembre 2014, il marque deux buts face au Córdoba CF lors de la 10e journée.
* Le 21 décembre 2014, à Bilbao pour la 16e journée, Griezmann inscrit un triplé avec l'Atlético de Madrid, 4-1.

Le saviez-vous ?

Banco. Auteur de trois doublés consécutifs, Antoine Griezmann est élu dans l'équipe-type de la Liga du mois d'avril, aux côtés de Lionel Messi et Luis Suarez.

---

* Pour cette saison, c'est 25 buts inscrits en 53 matches disputés, dont 22 en 37 apparitions en Liga, avec un premier trophée à son palmarès, la Supercoupe d'Espagne 2014.

Saison 2015-2016

* But contre Las Palmas sur coup franc (1-0).
* FC Séville, 2e journée de Liga, deux passes décisives à Koke et Jackson Martinez (0-3).
* Défaite à domicile contre le FC Barcelone (1-2).
* Doublé à Galatasaray en Ligue des champions (0-2).
* 8e journée, but contre la Real Sociedad (0-2).

L'Atlético de Madrid enchaîne une série de 6 victoires en 7 matchs lors desquels Griezmann marque à 4 reprises, dont 3 en 3 matchs. Il est le joueur qui a marqué le plus de points pour son club parmi les équipes espagnoles qualifiées en Ligue des champions avec 14 points rapportés devant des joueurs comme Luis Suarez (12 points), Cristiano Ronaldo (8 points), Neymar (5 points) ou Lionel Messi (4 points). En Ligue des champions, il confirme également sa forme étincelante, puisqu'après son doublé en Turquie, il récidive au retour et permet aux siens de se qualifier en 8e de finale de la compétition (2-0).

Les Coupes du Roi

* ✶ Il marque lors des 5 matchs suivants, dont un doublé contre le Betis Séville.
* ✶ Le 9 avril, il marque le 20e but de la saison contre Barcelone.
* ✶ Doublé en demi-finale (2-0).
* ✶ But en demi-finale face au Bayern Munich et le club se qualifie pour la finale.
* ✶ Finale de la Ligue des champions contre le Real Madrid à San Siro, dans la séance de tirs au but, il marque, mais aura raté un penalty crucial plus tôt. Défaite de son équipe (1-1 ; 5-4).
* ✶ Bilan de la saison : 32 buts en 54 matchs, dont 22 en 38 rencontres de Liga.

Bonus
La Copa del Rey

La Copa Del Rey (ou Coupe du Roi), dont le nom officiel est Campeonato de España-Copa de Su Majestad el Rey, est une compétition à élimination directe espagnole. Cette épreuve a changé plusieurs fois de dénomination officielle en 1932 : Copa del Presidente de la República de 1933 à 1936, Copa de la España Libre en 1937, Trofeo de S.E. El Generalísimo en 1939, Copa de S.E. El Generalísimo de 1940 à 1976, Copa de Su Majestad el Rey depuis 1976. Comme en Angleterre, en Écosse ou en France, cette épreuve a vu le jour avant la mise en place du championnat national ; elle possède pour cette raison une aura particulière. À noter que les changements de régimes politiques ne se répercutent que sur le titre.

Histoire

La Coupe d'Espagne naît en 1903 pour honorer le couronnement du nouveau souverain du Royaume, le jeune Alphonse XIII, en faisant se confronter les cinq meilleures équipes de football du pays.

L'Athletic Bilbao est le premier vainqueur de la Coupe du Roi. Jusqu'en 1905, cette compétition est aussi appelée Copa del Ayuntamiento de Madrid (Coupe de la Mairie de Madrid) parce qu'organisée par la Municipalité. À partir de 1906, c'est le club de l'AC Madrid qui gère le tournoi qui évolue sous forme de « Ligue » où chacune des équipes engagées se rencontrent pour les 4 premières éditions, l'année 1907 voit l'introduction d'une phase éliminatoire et d'une finale en un seul match. La première finale en 1907 est ainsi remportée par le club local du Madrid FC (ancien nom du Real Madrid) face à l'Athletic Bilbao (1-0) au Stade de l'Hippodrome de Madrid.

À partir de 1905 et jusqu'en 1932, la Coupe prend le nom du souverain en place, Copa de Su Majestad el Rey Alfonso XIII. Les équipes des divisions inférieures rejoignent rapidement la compétition. À deux reprises, en 1910 et 1913, une scission entre les clubs espagnols a pour conséquence l'organisation de deux compétitions distinctes. L'Unión Española de Fútbol de Clubs et de la Federación Española de Fútbol. En 1910, l'Athletic Bilbao et le FC Barcelone remportent ainsi leurs tournois respectifs. Même cas en 1913 où le Rácing de Irún et le Barça décrochent chacun un titre. La création de la Fédération espagnole de football en 1913 met fin à cette situation. Les championnats régionaux deviennent à présent qualificatifs pour la Coupe du Roi.

En guerre

À la chute de la monarchie en 1931, la Coupe d'Espagne prend le nom de Copa del Presidente de la República à partir de l'édition 1933 et jusqu'en 1936. En 1937, et malgré la Guerre d'Espagne, une compétition est disputée sous le nom de Copa de la España Libre (remportée par Levante UD face au

Valence CF), mais la légitimité de cette Coupe est remise en question aujourd'hui à cause du contexte de guerre civile de l'époque. La Coupe d'Espagne n'a pas lieu en 1938 mais est reprise en main par la Fédération espagnole dès 1939. Un trophée, offert par Franco, récompense de nouveau le vainqueur de la compétition et réintègre les clubs des villes à présent épargnées par les combats. Cette Coupe appelée Trofeo de S.E. El Generalísimo, puis Copa de S.E. El Generalísimo, est remportée en 1939 par le Séville FC qui devient directement Champion d'Espagne, sur décision de la Fédération espagnole de football.

De 1960 à nos jours

À partir de 1960, le vainqueur de la Coupe d'Espagne devient le représentant de l'Espagne à la Coupe d'Europe des vainqueurs de Coupe de football. L'Atlético de Madrid remporte la compétition dès l'entrée en lice d'un club espagnol en 1961-1962. À la mort de Franco en 1975 et à la suite du nouveau changement de régime politique, la Coupe d'Espagne change de nouveau son nom pour adopter son nom actuel de Coupe du Roi, ce dernier étant chargé de remettre le trophée à son vainqueur. Ce changement est entériné à partir de la saison 1976-1977, année où le Real Betis Balompié remporte la première de ses trois Coupes du Roi.

Actuellement, seules les 20 équipes de Primera Division, 21 équipes de Segunda A, 24 équipes de Segunda B ainsi que les 18 champions de la Tercera Division (ou les vice-champions si les vainqueurs sont la réserve d'une équipe professionnelle) peuvent s'engager dans la compétition. L'édition 2009-2010 fut ainsi disputée par 83 équipes. Jusqu'aux quarts de finale inclus, les tours sont disputés sur le terrain de l'équipe jouant dans la division la plus petite et sur une seule manche. Les clubs de Segunda División entrent au second tour (64e de finale), alors que les clubs de Primera División rentrent dans la compétition à partir des 32e de finale, sauf les quatre clubs participant à la Supercoupe d'Espagne, qui sont eux intégrés au stade des 16e de finale. Les deux demi-finales sont disputées en matchs aller-retour, alors que la finale se joue sur un seul match et sur terrain neutre. Le club vainqueur de l'épreuve est qualifié pour la Ligue Europa et dispute la Supercoupe d'Espagne la saison suivante en compagnie du finaliste de la Coupe d'Espagne, du champion de Primera División et de son dauphin.

Griezmann, la suite
Saison 2016-2017

* Championnat d'Europe : meilleur buteur de la compétition.
* Troisième meilleur joueur au Ballon d'or 2016.
* 6 buts à la mi-saison en Liga : un doublé lors de la 3ᵉ journée de Liga face au Celta Vigo (victoire de l'Atletico 0-4), un autre doublé lors de la 4ᵉ journée face au Sporting Gijon.
* Après un match contre Valence, Griezmann enchaîne 9 matchs sans but en Liga.
* Sa première moitié de saison en Ligue des champions est correcte avec 3 buts et 2 passes décisives en 6 matchs.
* Il marque un doublé face à Rostov, marque un but et délivre une passe décisive au PSV lors des matchs retours.

Les six buts en question ont été marqués en cinq matchs sur un intervalle d'à peine 22 jours. Il a un passage à vide de 9 matchs sans buts avec seulement trois passes décisives (1 face à Grenade, victoire 7-1 de l'Atlético, et 2 face à Malaga, victoire 4-2 de l'Atlético). On note seulement une passe décisive lors des deux matchs face au Bayern Munich avec un pénalty raté.

* Griezmann marque sur un service de Kevin Gameiro lors de la victoire 2-0 de l'Atlético face à Eibar.
* Il sauve le nul face à l'Athletic Bilbao (match nul de l'Atlético 2-2).
* Il marque le but victorieux face au Celta Vigo (victoire 3-2).

Il continue avec une série de deux matchs sans but dont un face au FC Barcelone avant d'enchaîner quatre matchs de suite en marquant : un but lors du match nul 1-1 face au Deportivo la Corogne, un doublé lors de la victoire 3-0 face à Valence, un but de la tête (0-1) face à Grenade et un but sur coup franc face à Seville (3-1).

* Un but en Liga lors du nul 1-1 face au Real Madrid.
* Un but en Liga pour la victoire 0-1 face à l'Espanyol Barcelone lors de la 33ᵉ journée.

Il ne marque pas lors des 5 derniers matchs, soit 502 minutes sans réalisation. En Ligue des champions, il marque au match aller en 8e de finale face au Bayer Leverkusen (victoire 2-4) et ses deux derniers buts dans cette compétition sont marqués sur pénalty. L'un des penalties est inscrit face à Leicester City en quart tandis que le second l'est en demie face au Real Madrid. En Coupe du Roi, Griezmann est remarqué pour ses performances face au FC Barcelone avec 1 but et 1 passe décisive sur l'ensemble des deux matchs. Malgré cela, Barcelone bat l'Atlético sur l'ensemble des deux matchs (2-3 pour le FC Barcelone) et prive Griezmann d'une finale.

Ces intervalles montrent qu'il n'a pas été assez régulier dans ses performances et qu'il ne fonctionne pas à plein régime. L'autre point où il est critiqué est son manque d'impact lors des matchs face aux grosses équipes. En Liga, Griezmann n'a marqué qu'un but face au Real Madrid et au FC Barcelone. Enfin, son nombre de buts par minute a un ratio de 1 but toutes les 438,14 minutes, soit presque un but tous les cinq matchs.
Dans le même temps, il déclarera « qu'il y a 6 chances sur 10 qu'il rejoigne Manchester United » dans une interview en France.

Griezmann ne participe ni à la finale de la Ligue des champions ni à celle de la Coupe du Roi, battu à chaque fois en demi-finale, par le Real Madrid en Ligue des champions et par le FC Barcelone en Coupe du Roi. Il termine 3e en Liga avec l'Atlético.

Il finit 6e meilleur buteur de la Liga avec 16 buts en 36 apparitions, 11e meilleur buteur de la Ligue des champions avec 6 buts et 2 passes décisives en 12 apparitions, et 6e meilleur buteur de la Coupe du Roi avec 4 buts et 2 passes décisives en 5 apparitions. Il est à la 8e place au classement des passes décisives en Liga avec 8 passes décisives.

Saison 2017-2018

19 août 2017, un match à l'extérieur face à Gérone, les Colchoneros sont menés 2-0 à la mi-temps à la suite d'un doublé de Cristhian Stuani, et au cours duquel Griezmann reçoit un carton jaune pour simulation, puis un carton rouge pour contestation. Cette exclusion empêche Griezmann de participer

aux rencontres à l'extérieur qui opposent l'Atlético à Las Palmas (1-5), le 26 août, et à Valence (0-0) le 9 septembre. En effet, ses insultes proférées à l'égard de l'arbitre de la rencontre face à Gérone lui ont valu deux matchs de suspension.

Le 16 septembre 2017, face à Malaga, il inscrit le but de la victoire (1-0), sur une passe décisive d'Ángel Correa.

En Ligue des champions, l'Atlético Madrid se trouve dans le groupe. Sa première rencontre se solde par un match nul (0-0) à l'extérieur face à la Roma le 12 septembre 2017. Le match suivant, à domicile, face à Chelsea, se solde par une défaite (1-2), en dépit d'un penalty, tiré par Griezmann, qui avait permis à l'Atlético de s'imposer 1-0 en première mi-temps. Malgré une victoire à domicile face à la Roma (2-0), où Griezmann a ouvert le score, avant de creuser l'écart en adressant une passe décisive à Kevin Gameiro, l'Atlético ne parvient pas à se qualifier pour la phase finale de la Ligue des champions 2017-2018. En cause : deux matchs nuls face au Qarabağ FK et un match retour face à Chelsea, qui se solde par un nul (1-1). Néanmoins, en étant troisième du groupe C, l'Atlético Madrid se voit repêcher en seizièmes de finale de la Ligue Europa 2017-2018.

À la mi-saison (20e journée du Championnat), Griezmann a inscrit 6 buts en Liga, ce qui le place loin de Lionel Messi (19 buts), de Iago Aspas (12 buts) et des Uruguayens Luis Suarez (15 buts), Maxi Gómez et Cristhian Stuani (10 buts).

Le mois de février 2018 voit finalement Antoine Griezmann exploser en Liga, puisqu'il réalise deux hat-tricks en l'espace de trois jours : le premier est un triplé face à Séville lors d'un match à l'extérieur (2-5) disputé le 25 février, le second est un quadruplé face à Leganés, lors d'un match à domicile (4-0) disputé le 28 février. Après, Griezmann continue de réaliser d'assez bonnes performances en Liga, et termine 6e meilleur buteur du championnat 2017-2018 avec 19 réalisations et 7e meilleur passeur avec 9 passes décisives.

En Ligue Europa, Griezmann participe à l'ascension de son équipe vers la finale, sans pour autant être décisif lors des seizièmes et huitièmes de finale, puisque les premières rencontres face à Copenhague et au Lokomotiv Moscou sont facilement remportées. Néanmoins, en marquant le deuxième but à domicile face au Sporting Portugal (2-0), il évite à son équipe d'aller en prolongations lors du match retour, perdu 1-0 à Lisbonne. Décisif, il le sera une nouvelle fois en demi-finale face à Arsenal, alors que son équipe joue à 10 contre 11 à la suite de l'exclusion de Vrsaljko en début de match, il inscrit le but de l'égalisation (1-1). L'Atlético entre en finale, en battant Arsenal 1-0 à domicile, sur un but de Diego Costa, aidé d'une passe décisive de Griezmann. En finale de la Ligue Europa, le 16 mai 2018, Griezmann inscrit un doublé face à l'Olympique de Marseille (3-0) et remporte collectivement la troisième Ligue Europa de l'histoire du club.

Le saviez-vous ?

Ce n'est qu'un au revoir. Le 14 mai 2019, Griezmann annonce dans une vidéo aux supporters qu'il quitte l'Atlético de Madrid à la fin de la saison, après cinq années sous le maillot des Colchoneros. Pour Barcelone.

Saison 2018-2019

* 11 août 2018, match d'International Champions Cup contre l'Inter (0-1). Supercoupe de l'UEFA 2018 remportée avec l'Atlético Madrid.
* Pour la saison 2018-2019, Liga avec l'Atlético, 15 buts en 36 matchs de championnat.
* En Ligue des champions, pour l'Atlético, vainqueur de la Ligue Europa, la finale se joue au Wanda Metropolitano. Opposés à la Juventus de Turin en huitièmes de finale, 2-0 au match aller, 3-0 au match retour. Ronaldo a œuvré.

Saison 2019-2020

« Le 11 juillet 2019, il est annoncé que le FC Barcelone a payé à l'Atlético Madrid la clause libératoire de 120 millions d'euros d'Antoine Griezmann. Il s'engage avec le club catalan jusqu'en 2024. »

* 16 août 2019, face à l'Athletic Bilbao, Barcelone s'incline (1-0).
* 25 août 2019, un doublé face au Bétis Séville. Il s'agit de ses deux premiers buts pour le FC Barcelone (5-2).
* En Ligue des champions, le Barça finit 1er de son groupe.

En Copa, alors que son équipe est menée par l'équipe d'Ibiza de 2e division, il met deux buts qui qualifient Barcelone au tour suivant. Il remarquera en huitième de finale contre Leganés lors de la victoire 5-0 du Barça. Au mois de février, il marque son deuxième but de la saison en Ligue des champions pendant le match nul contre Naples (1-1) en huitièmes de finale aller de Ligue des champions. Le championnat est arrêté, le 11 mars 2020, en raison de la pandémie de Covid-19, vingt-sept journées ont pu être jouées et Griezmann n'a pu inscrire que 8 buts et délivrer 4 passes décisives. Deux mois plus tard, le 11 mai 2020, le championnat reprend, le Barça perd la tête de la Liga et finit 2e à 5 points du Real Madrid, champion.

Pour sa première saison à Barcelone, l'équipe ne remporte aucun trophée. Griezmann inscrit 15 buts, toutes compétitions confondues, ce qui en fait le 3e meilleur buteur de la saison pour son club derrière Messi et Suarez.

FC Barcelone en 2021

Avec le départ de Suarez pour l'Atlético de Madrid, Griezmann est avec Messi le fer de lance de l'attaque catalane. Il ne joue pas le premier match de Ligue des champions et assiste à la victoire de son club contre Ferencvaros (5-1). Pour le premier choc de la saison contre le Real Madrid, il rentre seulement pour les 10 dernières minutes, le Barça perd le match (3-1 à domicile) et est alors à 5 points de la première place occupée par Grenade. Griezmann

marque le premier but de sa saison contre Alavès, pour un nul (1-1). Il récidive le match suivant contre le Bétis Séville (victoire 5-2).

Fin novembre, Barcelone est alors 13ᵉ de Liga et compte déjà 3 défaites. Il
inscrit son premier but en phases de groupes de Ligue des champions de la
saison contre le Dynamo Kiev, puis deux semaines plus tard, il marque contre
l'équipe hongroise de Ferencvaros. Il marque 4-0 contre Osasuna.

Fin janvier, en Supercoupe d'Espagne, le FC Barcelone se qualifie en finale
et affronte l'Athletic Bilbao. Griezmann inscrit un doublé, cela n'empêche
pas la défaite de son équipe (3-2). Le Barça, cependant, parviendra à enchaîner
19 matchs sans défaite en championnat. Griezmann marque de nombreux
buts et fait partie des joueurs les plus décisifs de 2021. Sur la scène européenne, après sa défaite contre la Juventus lors de la dernière journée de la
phase de groupe, le Barça doit affronter le Paris Saint-Germain, finaliste de
l'édition précédente et favori de la compétition. En mars 2021, le Barça se fait
éliminer en huitièmes de finale de Ligue des champions par le Paris Saint-
Germain (4-1 à l'aller et 1-1 au match retour).

En Coupe d'Espagne, Griezmann se fait particulièrement remarquer en étant
décisif 7 fois en 6 matchs. Le Barça se qualifie pour la finale de Copa et retrouve
l'Athletic Bilbao, il remporte la finale de la Coupe d'Espagne en battant le club
basque sur le score de 4-0. Griezmann remporte son premier trophée avec le
club catalan.

En fin de championnat, le Barça s'impose lors d'un match contre Villarreal CF
2 à 1, grâce à un doublé d'Antoine Griezmann. Le Barça va se saborder en
enchaînant les mauvaise performances (défaites contre Grenade et le Celta
Vigo ou encore match nul contre Levante), l'ancien club de Griezmann, l'Atlético de Madrid, finit champion.

Pour la deuxième saison au FC Barcelone, Griezmann finit 2ᵉ meilleur buteur
du club derrière Messi avec 20 buts toutes compétitions confondues, il délivre
également 12 passes décisives.

Retour en prêt à l'Atlético de Madrid
Saison 2021-2022

« Le 1ᵉʳ septembre 2021, le prêt de Griezmann à l'Atlético de Madrid pour une saison est annoncé. Cette opération comprend également une option pour une saison supplémentaire ainsi qu'une clause pour un achat obligatoire au terme de cette seconde saison, estimée à 40 millions d'euros avec des bonus de 10 millions. Malgré une volonté du joueur de revenir à Madrid, les négociations se terminent le 31 août, dernier jour du mercato estival, et le prêt est rendu possible grâce au départ de Saúl Ñíguez pour Chelsea qui libère une place dans l'effectif madrilène. Le départ de Griezmann libère lui-même une place permettant à Barcelone d'acquérir Luuk de Jong. »

Griezmann termine cette saison avec 8 buts et 7 passes décisives en 38 rencontres disputées, soit ses statistiques les plus basses depuis 10 saisons.

Saison 2022-2023

Pour sa deuxième saison de prêt à l'Atlético de Madrid, Antoine Griezmann commence sur le banc les premières rencontres de Liga. L'explication avancée à cette situation ne serait pas *« sportive mais due à une clause du prêt payant de 2021 prévoyant un paiement de 40 millions d'euros par l'Atlético de Madrid au FC Barcelone si Griezmann joue au moins 45 minutes dans 50 % des matchs pour lesquels il est disponible »*.

Bonus
Euro 2016

Griezmann fait partie de la liste des 23 joueurs français sélectionnés pour disputer l'Euro 2016. Il est considéré comme le leader d'attaque des Bleus de la compétition. Mais il aborde l'Euro fatigué (finale tardive en Ligue des champions).

✻   Match d'ouverture moyen contre la Roumanie, remplacé avant la victoire en fin de match (2-1).

* Remplaçant contre l'Albanie, la France se qualifie pour les 8ᵉ de finale (2-0). Match nul face à la Suisse qui permet à la France de terminer en tête du groupe A (0-0).
* Huitième de finale contre l'Irlande ; il inscrit un doublé qui offre la victoire (2-1) et la qualification aux Bleus.
* En quart de finale contre l'équipe d'Islande, il offre une passe décisive à Paul Pogba sur corner, puis une autre à Dimitri Payet avant de marquer (5-2).

Griezmann ouvre le score sur penalty juste avant la mi-temps face à l'Allemagne en demi-finale et qualifie les Bleus avec une deuxième marque pour la finale (0-2).

En finale face au Portugal, la France s'incline lors de la prolongation. Griezmann termine meilleur buteur avec six réalisations, mais il perd une deuxième finale majeure un mois et demi après celle de la Ligue des champions. Par contre, après cette finale, il a occupé le deuxième rang dans la liste des meilleurs buteurs français dans l'histoire des Championnats d'Europe, Michel Platini restant le leader. Au lendemain de la finale, il est désigné par l'UEFA comme meilleur joueur du tournoi.

Coupe du monde 2018

Le saviez-vous ?

On attribue souvent par ailleurs à la génération de 25 ans de moyenne d'âge qui a remporté le trophée mondial 2018 le qualificatif de « Génération Griezmann », comme il y a eu une « Génération Zidane » (1994-2006), une « Génération Platini » (1976-1987) ou encore une « Génération Kopa » (1952-1962).

* 100 % de réussite sur les penalties
* Premier but face à l'Australie
* Ouverture du score contre l'Argentine en huitièmes de finale
* Deuxième but français en finale face à la Croatie

- ✳ Coup franc et premier but français en finale (tir dévié de la tête par Mario Mandzukic qui marque contre son camp)
- ✳ Marque face à l'Uruguay en quart de finale, sur une passe de Corentin Tolisso
- ✳ Présent sur trois des quatre buts français : son coup franc de la 18ᵉ minute, son penalty de la 38ᵉ minute et sa remise pour Paul Pogba qui marque le troisième but français à la 59ᵉ.

Vous connaissez la suite, la France remporte sa deuxième étoile après celle obtenue en 1998 en s'imposant 4-2, et Griezmann est élu « homme du match ». Il totalise quatre buts dans cette Coupe du monde, autant que Kylian Mbappé, Romelu Lukaku, Cristiano Ronaldo et Denis Cheryshev, ce qui les place tous au deuxième rang des buteurs derrière Harry Kane (6 buts). Il est également désigné par la FIFA troisième meilleur joueur de la compétition, partageant ce podium avec Luka Modric et Eden Hazard.

Championnat d'Europe 2020

Après une victoire 1-0 face à l'Allemagne pour l'entrée des Bleus dans la phase de poules de l'Euro 2020, son équipe concède un match nul 1-1 face à la Hongrie à Budapest le 19 juin 2021. Mené au score, c'est Antoine Griezmann qui égalise à l'heure de jeu. Il dispute à cette occasion son 50ᵉ match consécutif avec le maillot de l'équipe de France. En huitièmes de finale, Griezmann et les Bleus sont éliminés aux tirs au but par la Suisse après avoir mené 3-1 à dix minutes de la fin du temps réglementaire avant d'être rejoints 3-3. Il aura marqué un but durant ce tournoi.

La saga Kylian Mbappé

« Dream Until it Loves You Back »

Kylian Mbappé en bref et en foot
Échauffement

« Son style de jeu est comparé à ceux de Thierry Henry et Ronaldo. Kylian Mbappé peut jouer à tous les postes de l'attaque (gauche, droite, pointe ou soutien) tout en alliant vitesse et technicité. Il sait particulièrement bien exploiter l'espace dans le dos des adversaires selon Leonardo Jardim, son entraîneur à Monaco, notamment en courant plus vite que les défenseurs, mais aussi grâce à la qualité technique de ses dribbles, y compris en sprintant. Capable d'accélérations fulgurantes, avec une pointe de vitesse à 38 km/h, il est l'un des joueurs les plus rapides du monde et même le plus rapide balle au pied selon certains avis. Il est régulièrement remarqué pour la qualité de son football. C'est un attaquant qui participe très activement au travail défensif de récupération de la balle. »

Nous avons repris cet extrait nourri de moult références, car c'est la meilleure approche lue à ce jour concernant le phénomène Mbappé. Car c'est un phénomène, il faut bien rendre à Kylian ce qui lui appartient. Il est vrai que l'on compare un peu partout dans les milieux médiatiques footballistique le phénomène Mbappé aux plus grands, du roi Pelé à Henry en passant par le grand Ronaldo.

Mbappé est le plus jeune joueur à avoir marqué 17 buts en Ligue des champions, il est aussi le meilleur passeur de la compétition entre 2017 et 2020 avec 15 passes décisives.

D'ailleurs, ce n'est pas pour rien que Mbappé est devenu le joueur de football le plus cher du monde, avec une valorisation à 265 millions d'euros. Son revenu annuel de 33,8 M $ en fait le sportif français qui a le plus gagné en 2019 et le 36ᵉ sportif mondial le mieux rémunéré. Depuis l'été 2018, les médias et entreprises du monde entier se disputent le joueur, à l'image du magazine *Time* qui le met à la une de son édition *Europe Afrique Moyen-Orient* le 10 octobre 2018, soulignant la renommée internationale qu'il a acquise à 19 ans.

Mais si le jeune homme gagne beaucoup, il est, selon les dires, plutôt généreux pour des causes choisies. Ainsi, depuis qu'il est membre de l'équipe de France, il reverse l'intégralité de ses primes internationales à des associations. En 2017, il devient le parrain de l'association **Premiers de cordée** qui propose des initiations sportives aux enfants hospitalisés. Il s'engage également pour **la fondation Abbé Pierre** pour le logement des défavorisés, ainsi que pour **Tutti Passeurs d'Arts**, association qui vise à initier des enfants sans ressources financières suffisantes à une éducation musicale et culturelle. En 2019, il rejoint la troupe des **Enfoirés**. Il réitère sa participation en 2022. En 2020, un maillot signé par lui-même est vendu 160 000 € aux enchères au profit d'une association dédiée aux enfants luttant contre le cancer. Là, on dit juste : « Merci Kylian. »

Le saviez-vous ?

Baby sponsoring. En 2013, à 14 ans, Mbappé signe un contrat de trois ans avec l'entreprise américaine Nike, qu'il prolonge en février 2018. Il est également l'égérie de la marque de haute horlogerie Hublot, ainsi que de Good Goût, une entreprise « 100 % bio » qui opère dans la « nutrition infantile ». Il est désormais l'ambassadeur de la marque de luxe Dior, devenant le nouveau visage du parfum Sauvage, ainsi que de la mode masculine au travers des créations du styliste Kim Jones, entre autres.

Palmarès en club

* Avec l'AS Monaco, il est finaliste de la Coupe de la Ligue en 2017 avant d'être sacré champion de France cette même année.
* Avec le PSG depuis la saison 2017-2018, il remporte la Ligue 1 et ce à quatre reprises en 2018, 2019, 2020 et 2022, mais aussi la Coupe de France en 2018, 2020 et 2021, la Coupe de la Ligue en 2018 ainsi que le Trophée des champions en 2019 et 2020.
* Premier et seul joueur de l'histoire du Championnat de France à finir meilleur buteur ainsi que passeur lors d'une saison (2021-2022).
* Buteur le plus rapide (8 secondes) de l'histoire du Championnat de France.

Les titres du Palmarès en club de Kylian Mbappé

* Championnat de France : Champion en 2017, 2018, 2019, 2020 et 2022. Vice-Champion en 2021
* Coupe de la Ligue : Finaliste en 2017
* Trophée des champions : Finaliste en 2017
* Coupe Gambardella : Vainqueur en 2016
* Ligue des champions : Finaliste en 2020
* Coupe de France : Vainqueur en 2018, 2020 et 2021. Finaliste en 2019
* Coupe de la Ligue : Vainqueur en 2018
* Trophée des champions : Vainqueur en 2019 et 2020

Bilan en sélection nationale

Avec la sélection française des moins de 19 ans, Kylian Mbappé remporte le Championnat d'Europe 2016. Deux ans plus tard, il gagne la Coupe du monde 2018 avec l'équipe de France A. Après un Euro 2020 décevant, il se montre décisif lors de la phase finale de la Ligue des nations, que les Bleus remportent.

Le saviez-vous ?

Une p'tite chanson. Au lendemain de la victoire de l'équipe de France de football lors de la finale de la Coupe du monde 2018, le groupe LEJ a publié une chanson intitulée *Liberté, Égalité*. Spécialement écrite pour l'occasion, elle rend notamment hommage à Kylian Mbappé.

Un homme pressé

Vainqueur du Championnat de France en 2017 avec l'AS Monaco, il est transféré au Paris Saint-Germain fin août 2017. Le soir même, il marque son premier but en équipe de France.

Kylian Mbappé est l'un des acteurs majeurs des Bleus qui remporteront la Coupe du monde 2018 en Russie. Champion du monde à dix-neuf ans, il devient le 2e plus jeune joueur après Pelé à inscrire un doublé en phase finale de Coupe du monde (en huitièmes de finale face à l'Argentine) et à marquer lors de la finale, remportée 4-2 devant la Croatie.

★ Buteur à quatre reprises, il est désigné meilleur jeune joueur de la compétition par la FIFA.

★ Fin 2018, il remporte le trophée Kopa du meilleur joueur mondial de l'année de moins de 21 ans.

★ Le 11 juin 2019, il est le plus jeune joueur à inscrire 100 buts en professionnel à 20 ans, et à 22 ans à atteindre les 50 sélections en équipe de France.

Le saviez-vous ?

Quatre sinon rien. Le 13 novembre 2021, lors du match qui donne la qualification aux Bleus pour la Coupe du monde 2022 face au Kazakhstan (8-0), il inscrit le premier quadruplé d'un joueur français en compétition depuis Just Fontaine, lors de la Coupe du monde 1958.

On peut lire et entendre que Kylian est issu d'une famille de sportifs. Son père, Wilfrid Mbappé Lottin, est un ancien footballeur de niveau régional devenu entraîneur des moins de 15 ans à l'Association sportive de Bondy en banlieue nord-est parisienne. Sa mère, Fayza Lamari, Bondynoise d'origine algérienne, a été handballeuse dans ce même club en division 1 jusqu'en 2001.

En 2004, il commence le football à l'AS Bondy. En 2011, il est sélectionné dans la génération 1998 du centre de l'INF Clairefontaine.

À l'issue de la préformation, en 2013, il est en contact avec plusieurs clubs, dont les Girondins de Bordeaux et le Stade Malherbe de Caen.

Mais il rejoint finalement le centre de formation de l'AS Monaco, dont l'équipe première fait son retour en Ligue 1. Mbappé y poursuit sa progression. En 2014, il est sélectionné à deux reprises en équipe de France des moins de 17 ans. Il commence la saison 2015-2016 en marquant trois doublés consécutifs avec l'équipe des moins de 19 ans de l'AS Monaco. Il fait peu après ses débuts en équipe réserve, en CFA, avec laquelle il marque ses premiers buts en novembre 2015.

Le saviez-vous ?

Passe d'abord ton bac. En septembre 2016, il obtient le baccalauréat STMG (sciences et technologies du management et de la gestion). Parce que les études, c'est important quand même.

Carrière en club
AS Monaco (2015-2017)

Kylian Mbappé fait ses débuts en Ligue 1 en décembre 2015 lors d'un match à domicile contre le Stade Malherbe de Caen. Il remplace Fábio Coentrão à la 88e minute et devient ainsi le plus jeune joueur à porter le maillot professionnel de l'AS Monaco en L1, battant l'ancien record, qui appartenait à Thierry Henry (1994). Le 20 février 2016, Kylian Mbappé marque son premier but en tant que professionnel, lors du temps additionnel face à ES Troyes AC (3-1). Le fauve est lâché.

Avec l'équipe monégasque, il remporte la Coupe Gambardella en mai 2016, inscrivant un doublé en finale face au RC Lens. Quelques semaines plus tard, notre Speedy Gonzales national remporte avec l'équipe de France (- 19) le Championnat d'Europe de football 2016, lors duquel il inscrit quatre buts, histoire de dire qu'il n'est pas venu pour rien.

Lors du marché des transferts estival 2016, l'AS Monaco refuse une offre de 40 millions d'euros le concernant et de la part du club anglais de Manchester City. Les bandits manchots repasseront.

✳   Le 11 février 2017, il inscrit son premier triplé (et il y en aura d'autres) en Ligue 1 face au FC Metz (5-0). Dix jours plus tard, c'est le premier but en Ligue des champions contre Manchester City (défaite 5-3 de Monaco) et il devient alors le deuxième plus jeune buteur français dans cette compétition derrière Karim Benzema. C'est incontournable, à ce niveau, le moins que l'on puisse dire, c'est qu'il est précoce, le garçon.
✳   Le 5 mars 2017, il atteint la barre (Gérard) des 10 buts en Ligue 1 après un doublé face au FC Nantes. Les canaris y perdront des plumes.
✳   Le 12 avril, il inscrit son premier doublé en Ligue des champions pendant les quarts de finale aller, sur la pelouse du Borussia Dortmund. Lors du match retour, il marque son cinquième but dans la compétition et devient à la fois le plus jeune joueur à atteindre ce score et le premier à marquer un but dans chacun de ses quatre premiers matchs à élimination directe en Ligue des champions.

* Il est encore le plus jeune buteur de l'histoire de la compétition en demi-finale, face à la Juventus, qui l'emporte sur Monaco. Ils sont forts ces Italiens !
* Le 17 mai 2017, Mbappé et l'AS Monaco remportent la Ligue 1 devant le PSG, alors quadruple champion en titre.

Paris Saint-Germain (depuis 2017)

Kylian Mbappé rejoint le Paris Saint-Germain Football Club au dernier jour du marché des transferts, le 31 août 2017, dans le cadre d'un prêt d'une saison avec option d'achat de 180 millions d'euros. L'option sera automatiquement levée si le PSG se maintient en Ligue 1. À l'issue du prêt, Kylian Mbappé se lie au Paris Saint-Germain jusqu'en 2022 pour un salaire de base net d'impôt sur 5 ans de 10 millions d'euros par saison et devient le deuxième joueur le plus cher de l'histoire du football français derrière Neymar.

Il joue son premier match le 8 septembre contre le FC Metz et inscrit avec le club parisien (5 à 1). Il participe ensuite à son premier match européen sur le terrain du Celtic Glasgow, victoire 5-0. Il devient le plus jeune buteur du PSG en coupe d'Europe, détrônant au passage son coéquipier Marquinhos.

* Le 23 octobre 2017, il est élu Golden Boy, trophée récompensant le meilleur footballeur de moins de 21 ans évoluant en Europe.
* Le 7 décembre 2017, il est classé 7e et meilleur Français au Ballon d'or, ce qui en fait le plus jeune joueur de l'Histoire à entrer dans le top 10.
* Le jour de ses 19 ans, il marque un but lors de la 19e journée de Ligue 1 au Parc des Princes face à Caen, ce qui en fait le meilleur buteur français de l'année 2017 avec 33 buts.
* Le 21 février 2018, invité par Emmanuel Macron, il participe avec de nombreuses autres personnalités du monde sportif à un « déjeuner de travail » à l'Élysée en l'honneur de l'ancien footballeur George Weah, nouvellement élu président du Liberia.
* Le 25 février 2018, Kylian Mbappé ouvre le score lors de la victoire (3-0) des Parisiens face à Marseille et devient le plus jeune buteur lors du Classico en Ligue 1.
* Le 31 mars 2018, il remporte son premier titre depuis son arrivée au Paris Saint-Germain face à l'AS Monaco (victoire 3-0) en finale de Coupe de la Ligue, où il est élu homme du match.
* Il est sacré champion de France avec le PSG. Il termine la saison en tant que 13e meilleur buteur de Ligue 1 avec treize réalisations en championnat.

Coupe de France
La locomotive Mbappé

Il ne commence la saison que lors de la deuxième journée de championnat, en entrant en jeu à la mi-temps face à Guimgamp qui mène sur le PSG 1-0. Son entrée en jeu redynamise le jeu du PSG qui égalise sur penalty, avant que Mbappé ne marque un doublé (3-1). À la troisième journée du Championnat de France, Kylian Mbappé marque et fait une passe décisive à Neymar contre Angers. Il marque son quatrième but de la saison face à Nîmes, match durant lequel il écope d'une suspension pour trois matchs.
Le 7 octobre 2018 contre Lyon, il réalise un quadruplé en l'espace de treize minutes (victoire 5-0). Lors du Clásico à Marseille le 28 octobre, Kylian Mbappé débloque le match en marquant d'un tir croisé face à Steve

Mandanda (victoire finale 0-2). Cinq jours plus tard, il ouvre le score face à Lille, devenant au passage le plus jeune joueur à dépasser les 40 buts en Ligue.

Le saviez-vous ?

Le Clásico, en Espagne, est le match de football opposant le Real Madrid et le FC Barcelone. Le terme est également d'usage courant en Amérique latine. On l'appelle aussi le « derby espagnol », dans la définition anglaise d'origine de derby : le « grand match ».

Dans les années 2010, le Clásico est retransmis dans 140 pays des cinq continents, et est parmi les matchs de club les plus regardés au monde avec 650 millions de téléspectateurs en 2017. Il mettait face à face deux des meilleurs joueurs du monde : Lionel Messi et Cristiano Ronaldo, jusqu'au transfert de Cristiano Ronaldo à la Juventus et celui de Lionel Messi au Paris Saint-Germain. Le meilleur buteur de l'histoire des Clásico est Lionel Messi avec 26 buts, suivi d'Alfredo Di Stéfano et Cristiano Ronaldo (18 buts).

* Le 4 décembre 2018, il se classe quatrième du Ballon d'or.
* Il remporte le premier trophée Kopa, récompensant le meilleur joueur mondial de moins de 21 ans.
* Le début d'année 2019 reste fort avec 6 buts inscrits en Championnat et en Coupe de France.
* Le 12 février 2019, il marque le deuxième but parisien face à Manchester United en huitièmes de finale aller de la Ligue des champions (0-2).
* Le 17 février, il inscrit l'unique but du PSG face à l'AS Saint-Étienne et devient le premier joueur français à marquer 19 buts en 18 matchs sur une saison de Ligue 1 sur les 45 dernières années.
* Le 21 février, il marque son 20e but de la saison lors de la victoire (5-1) contre Montpellier et devient le meilleur buteur français de l'histoire du PSG sur une saison de championnat, battant l'ancien record de Dominique Rocheteau qui avait inscrit 19 buts lors de la saison (1985-1986).
* Le 23 février, Kylian Mbappé marque un doublé (3-0) contre Nîmes.
* Le 2 mars, il marque deux buts pour le PSG face à Caen (2-1) et inscrit son premier penalty en Ligue 1.

Bilan historique

* Il est le premier joueur français à atteindre la barre des 50 buts après 88 matchs dans l'élite depuis Jacky Vergnes en 1971 (50 buts en 83 matches).
* Le plus jeune joueur à atteindre la barre des 50 buts en Ligue 1 sur les 45 dernières saisons à 20 ans et 2 mois, détrônant Yannick Stopyra et Djibril Cissé.
* Le plus jeune joueur de l'histoire du Championnat de France à marquer 50 buts à 20 ans et 2 mois, détrônant Rachid Mekhloufi qui était le plus jeune « cinquantenaire » de tous les temps depuis 1957.
* Le premier joueur français à inscrire 22 buts après ses 20 premiers matchs disputés sur une saison en L1/D1 depuis 56 ans est Serge Masnaghetti avec Valenciennes en 1963.
* En mai, il est élu meilleur joueur et meilleur espoir de Ligue 1 de la saison lors des trophées UNFP 2019.
* À l'issue de la saison 2018-2019, Kylian Mbappé termine meilleur buteur du Championnat de France avec 33 buts.

Bonus
Lionel Messi

Lionel Messi est né le 24 juin 1987 à Rosario en Argentine, c'est un footballeur international argentin évoluant au poste d'attaquant au PSG. Messi est considéré comme l'un des meilleurs joueurs de football toutes générations confondues et au niveau mondial. Il est septuple Ballon d'or et sextuple Soulier d'or…
L'IFFHS le désigne meilleur joueur de la décennie de 2011 à 2020.

Messi débute le football dans sa ville natale de Rosario en Argentine au sein des clubs de Grandoli et des Newell's Old Boys. Il rejoint à treize ans le FC Barcelone. Il y reste seize années professionnelles avant de rejoindre le Paris Saint-Germain en 2021.

Joueur complet, aussi bien buteur, meneur et organisateur du jeu, il détient de nombreux records : octuple vainqueur du Pichichi[1], il est le meilleur buteur de l'histoire du Championnat d'Espagne, du FC Barcelone, de la Supercoupe d'Espagne, de la Supercoupe d'Europe, de la sélection argentine, des sélections sud-américaines et le deuxième meilleur buteur de la Ligue des champions. Auteur de plus de 750 buts en carrière et impliqué sur plus de 1 000 buts, il est selon l'IFFHS le deuxième meilleur buteur de tous les temps en matchs officiels. Il détient aussi le record mondial du nombre de buts inscrits sur une saison, sur une année civile, et le record de buts sur une saison dans un championnat européen. L'IFFHS le désigne meilleur meneur de jeu de la décennie de 2011 à 2020.

Palmarès Messi (aperçu)

Avec le FC Barcelone

* Liga (10) : Champion en 2005, 2006, 2009, 2010, 2011, 2013, 2015, 2016, 2018, 2019, vice-champion en 2007, 2012, 2014, 2017, 2020
* Coupe du Roi (7) : Vainqueur en 2009, 2012, 2015, 2016, 2017, 2018, 2021
* Finaliste en 2011, 2014 et 2019
* Supercoupe d'Espagne (8) : Vainqueur en 2005, 2006, 2009, 2010, 2011, 2013, 2016, 2018
* Finaliste en 2012, 2015, 2017, 2021
* Ligue des champions (4) : Vainqueur en 2006, 2009, 2011, 2015
* Supercoupe de l'UEFA (3) : Vainqueur en 2009, 2011, 2015
* Coupe du monde des clubs (3) : Vainqueur en 2009, 2011, 2015

Avec le PSG

* Ligue 1 : Champion en 2022
* Trophée des Champions : Vainqueur en 2022

En équipe nationale d'Argentine

* Coupe du monde : Finaliste en 2014

---

[1] Classement par saison des meilleurs buteurs du Championnat d'Espagne de football.

* Copa América (1) : Vainqueur en 2021. Finaliste en 2007, 2015, 2016. Troisième en 2019
* Finalissima (1) : Vainqueur en 2022
* Coupe du monde de football des moins de 20 ans (1) : Vainqueur en 2005
* Jeux olympiques (1) : Vainqueur en 2008

Le saviez-vous ?

L'International Federation of Football History & Statistics (IFFHS) est une organisation d'études historiques et statistiques sur le football, créée en 1984. L'IFFHS est à la base de multiples classements de clubs et de personnalités du football, et du classement mondial des clubs (un classement dont la FIFA n'a pas d'équivalent).

Avec 41 titres remportés en carrière, il possède l'un des plus beaux palmarès. Il a remporté 4 Ligues des champions, 3 Coupes du monde des clubs de la FIFA, 3 Supercoupes de l'UEFA, 10 Championnats d'Espagne, 1 Championnat de France, 7 Coupes d'Espagne, 8 Supercoupes d'Espagne et 1 Trophée des Champions. Avec l'Argentine, Messi remporte la Coupe du monde des moins de 20 ans ainsi qu'une médaille d'or aux Jeux olympiques. Vice-champion du monde, il remporte également la Copa América et la Finalissima.
Ambassadeur de l'UNICEF, il a créé une fondation d'aide à l'enfance à l'âge de 20 ans. Selon Forbes, il est entré dans le club très fermé des sportifs milliardaires.

Mbappé
Quadruplé national
et finale de Ligue des champions (2019-2020)

Le début de saison du PSG commence par une victoire en Trophée des champions contre Rennes (2-1).

* 11 août 2019, il marque et fait une passe décisive contre Nîmes (3-0).
* Le 23 octobre 2019, il devient le plus jeune joueur de l'histoire de la Ligue des champions à inscrire 15 buts, devant Lionel Messi et Raúl.

✱ Le 26 novembre 2019, il joue son 100ᵉ match avec le PSG face au Real Madrid (2-2) en Ligue des champions, en marquant.

La suite de la saison est marquée par la crise sanitaire mondiale due à la pandémie de Covid-19, le Championnat de France est définitivement arrêté en mars 2020 (le Paris SG étant désigné champion sur un total de 28 journées). Auteur de 18 buts en 20 matchs, Kylian Mbappé est sacré pour la deuxième année consécutive meilleur buteur de Ligue.

Le saviez-vous ?

Monnaie, monnaie… En juin 2020, l'observatoire du football CIES dévoile sa liste des joueurs les plus chers au monde. Elle fait apparaître Kylian Mbappé en première position, avec une valeur de 259,2 millions d'euros, très loin devant tous les autres footballeurs.

Du sang et des larmes

« Le 24 juillet, à la 29ᵉ minute de la finale de la Coupe de France contre Saint-Étienne (victoire 1-0), Kylian Mbappé, en pleine vitesse, est violemment taclé par Loïc Perrin. Resté un long moment au sol tandis que le défenseur des Verts est expulsé, le champion du monde regagne les vestiaires en boitant et en pleurs. Il réapparaît sur le banc en fin de rencontre avec une attelle au pied droit et des béquilles. Victime d'une entorse de la cheville, il est forfait pour la finale de la Coupe de la Ligue face à Lyon. »

Killer Kylian, le retour

Son retour a lieu le 12 août à la deuxième mi-temps du quart de finale de la Ligue des champions à Lisbonne, face à l'Atalanta Bergame et il contribue au retour au score du PSG qui s'impose 2-1 dans les dernières minutes. Victoire du PSG (3-0) devant Leipzig pour rejoindre la finale face au Bayern Munich qui vient d'éliminer Lyon.

Le 5 décembre 2020, il marque son 100ᵉ but face au Montpellier HSC. Le PSG s'impose 3 à 1. Le 16 février 2021, 8ᵉ de finale aller de la Ligue des champions, triplé au Camp Nou face au FC Barcelone (1-4). Lors du match retour (1-1) le 10 mars 2021, il marque à nouveau. Le 7 avril, en quart de finale aller de la Ligue des champions, un doublé sur le terrain du Bayern Munich (3-2) et défaite du club allemand tenant du titre.

Le saviez-vous ?

Tirez après messieurs les Anglais. Pour l'agence KPMG qui publie une nouvelle étude sur la valeur des footballeurs en février 2021, Kylian Mbappé reste le joueur le plus cher au monde, avec une valeur de 185 millions d'euros, en baisse par rapport à 2020 compte tenu de la crise sanitaire mondiale, mais toujours loin devant les Anglais Harry Kane et Raheem Sterling (125 millions d'euros).

Le saviez-vous ?

Bluffant. Contre l'Olympique lyonnais comptant pour la 30ᵉ journée de Ligue 1, il marque son 100ᵉ but, à l'âge de 22 ans et 91 jours. Il devient ainsi le plus jeune joueur à atteindre cette barre symbolique. Après ce match, il est à 30 buts toutes compétitions confondues, ce qui permet à Kylian Mbappé de devenir le premier joueur tricolore évoluant en Ligue 1 à enchaîner trois saisons de rang à plus de 30 buts depuis Jean-Pierre Papin, qui avait réussi cette prouesse quatre ans de suite entre 1988 et 1992. Le 19 mai 2021, en marquant un but, lors de la victoire du PSG contre l'AS Monaco, en finale de Coupe de France, il devient le quatrième meilleur buteur français de l'histoire toutes compétitions confondues sur une saison avec 45 buts, derrière Just Fontaine (52 buts), Roger Courtois (49 buts) et Jean-Pierre Papin et Stéphane Guivarc'h (47 buts).

Saison 2021-2022

« Lors du mercato estival de 2021, Lionel Messi signe avec le PSG. Le trio surnommé le MNM comprenant Mbappé, Neymar et Messi est annoncé comme étant la meilleure attaque européenne. »

Mbappé est sacré champion de France pour la cinquième fois et termine à la fois meilleur buteur et meilleur passeur du championnat, une première en Ligue 1, avec 28 buts et 17 passes décisives en 35 matchs. Kylian Mbappé annonce le 21 mai qu'il s'engage au Paris Saint-Germain pour 3 saisons supplémentaires, déclinant l'offre du Real de Madrid. Le soir même, il inscrit un triplé lors de la dernière journée de championnat face au FC Metz.

Bémol

* Défaite en Trophée des champions contre Lille
* Élimination en 8ᵉ de finale en Coupe de France contre Nice
* Élimination en Ligue des champions contre le Real Madrid

En équipe de France

Il est convoqué pour la première fois en équipe de France par Didier Deschamps le 16 mars 2017, lors des éliminatoires de la Coupe du monde 2018 face au Luxembourg et pour un match amical face à l'Espagne. Le 25 mars 2017, il rentre en jeu à la 78ᵉ minute pour sa première sélection contre le Luxembourg (victoire 3-1).

Le 13 juin 2017, face à l'Angleterre, il délivre sa première passe décisive en bleu à Ousmane Dembélé (victoire 3-2). Le 31 août, en match éliminatoire de la Coupe du monde contre les Pays-Bas, il marque le quatrième but de la victoire (4-0). Le 27 mars 2018, 2 buts de plus en match amical en Russie, lors de sa 12ᵉ sélection.

Coupe du monde 2018
Vainqueur et plus grand espoir mondial

Présent sur la liste de 23 joueurs retenus pour le Mondial 2018, où lors du premier match contre l'Australie, il inscrit son premier but contre le Pérou le 21 juin lors du second match de poule.

Le 30 juin, lors de la victoire de la France (4-3) contre l'Argentine en huitièmes de finale de la Coupe du monde, Il provoque trois coups francs dangereux et un penalty transformé par Antoine Griezmann en première mi-temps. En deuxième mi-temps, il inscrit un doublé. Le 6 juillet, il contribue à la victoire française lors du quart de finale face à l'Uruguay (0-2), qualifiant les Bleus pour une demi-finale face aux Belges. Lors de la victoire contre la Belgique (1-0) le 10 juillet, il réussit sept dribbles sur 15 tentés face aux

Diables rouges. Aucun joueur français n'a réussi autant de dribbles sur un match de Coupe du monde depuis l'apparition des statistiques, en 1966.

15 juillet 2018 à Moscou

Le 15 juillet 2018, il devient champion du monde après la victoire française en finale face à la Croatie (4-2). Sur une passe de Lucas Hernandez, il inscrit d'une frappe sèche aux 25 m le quatrième but français. À l'issue de cette Coupe du monde, au cours de laquelle il inscrira 4 buts, il est désigné « meilleur jeune joueur » de la compétition par la FIFA.

Le saviez-vous ?

Chevaliérisation. Mbappé est adoubé par Pelé en personne, qui tweete le 15 juillet : « Si Kylian continue d'égaler mes records comme ça, je vais devoir dépoussiérer mes crampons », à quoi Kylian Mbappé répond : « Le Roi restera toujours le Roi ». Tu m'étonnes !

Euro 2020, Ligue des Nations 2021

Il totalise trois buts et trois passes décisives lors de ces éliminatoires de l'Euro 2020 dans le groupe H, qui s'achèvent en novembre 2019 et qui voient la France se qualifier en terminant à la première place de sa poule avec huit victoires, un nul et une défaite.

Le 5 septembre 2020, après neuf mois sans jouer à cause de pandémie de Covid-19, l'équipe de France s'impose 1-0 face à la Suède au Friends Arena de Solna, dans une rencontre comptant pour la Ligue des nations 2020-2021. Mbappé inscrit l'unique but du match à la 41e minute. Le 7 septembre, il est testé positif au Covid-19, ce qui le contraint à déclarer forfait pour le second match contre la Croatie. Lors des trois premiers matchs éliminatoires de la Coupe du monde 2022 dans le groupe D, en mars 2021, face à l'Ukraine (match nul 1-1), au Kazakhstan (victoire 2-0) et en Bosnie-Herzégovine (victoire 1-0), il n'est pas au « top », de l'avis général.

Lors de l'Euro 2020, Kylian Mbappé est reconnu comme l'attaquant le plus dangereux de l'équipe de France, et il se trouve impliqué dans la plupart des 7 buts marqués par les Bleus au cours du tournoi. Le 28 juin 2021, en 8e de finale de l'Euro 2020, France/Suisse (3-3), Kylian Mbappé est désigné pour tirer le 5e penalty français. Après cinq penaltys réussis côté suisse et quatre côté français, le gardien suisse Yann Sommer arrête le tir de Mbappé, qualifiant la Suisse en quarts de finale et éliminant dans le même temps l'équipe de France de la compétition.

« Le 13 novembre 2021, Mbappé inscrit un quadruplé avec l'équipe de France face au Kazakhstan (victoire 8-0). La victoire de ce match, comptant pour les éliminatoires de la zone Europe, qualifie les Bleus pour la Coupe du monde au Qatar en 2022. Trois jours plus tard, dans le dernier match du Groupe D en Finlande où la France s'impose 2-0, il offre une passe décisive d'une talonnade à Karim Benzema pour le premier but français, puis marque le second après une course de 30 mètres le long de la ligne de touche, avant de rentrer à gauche dans la surface, et de mettre le ballon hors de portée du gardien Lukáš Hrádecký d'une frappe enroulée au second poteau, ce sera son 24e but en 53 sélections. En mars 2022, lors d'un match amical face à l'Afrique du Sud, il inscrit un doublé permettant à l'équipe de France de s'imposer (5-0). »

Conclusion

La valeur n'attend pas le nombres des années, c'était vrai hier, c'est vrai aujourd'hui et ça le sera demain. Souhaitons la plus belle route qui soit à notre jeune prodige national.
Ce qui est formidable avec ce sport, c'est que chaque génération a ses héros et que chaque génération est marquée par quelques grands, et qu'à chaque génération de supporters, l'amour du sport reste intact, la passion dévorante et l'intérêt croissant.

Arrêts de jeux

Nous espérons que notre sélection vous aura fait plaisir et que nous avons bien choisi notre équipe prestige, nos sujets et nos commentaires. L'idée était de mettre en place une équipe intergénérationnelle. De produire un livre qui serait un cadeau autant pour un bleuet que pour un vétéran. Un livre impartial et généreux. Un livre qui traite du foot pour le foot. Sans prétention et sans polémiques inutiles.

Bien évidemment, on ne peut écrire sur 50 ans de football français et international qu'en survolant l'ensemble de l'histoire des Bleus, des clubs français et des compétitions.
Dans le détail, c'est à l'encyclopédie qu'il faudrait songer pour remplir la mission.
Comme chaque Coupe du monde mériterait à elle seule un livre et comme de nombreux joueurs et clubs le mériteraient tout autant.
Le PSG, l'OM, l'OL, les Girondins, et tous les clubs historiques français sont d'une richesse incalculable tant en histoire qu'en hommes.
Bien d'autres joueurs mériteraient largement le même traitement que celui que nous avons réservé à notre équipe prestige. La technique, les phases de jeux et la discussion de fond sur la tactique, sur les choix des entraîneurs, sur ceux des sélectionneurs et tout le reste aussi pourraient noircir des pages et des pages et des pages. Et le reste, entendez-le bien, c'est vaste !
Ce sera peut-être l'occasion d'un deuxième tome, que dis-je, d'une collection, d'une grande, d'une très grande collection.

D'une commande printanière de l'éditeur Jean-David Haddad est né ce livre qui a nécessité plusieurs mois de travail, mais qui, d'après les premiers lecteurs, et le comité éditorial (en short), fonctionne bien et donne de nombreuses informations et anecdotes sur le football français et mondial.
Cela tombe bien, c'était le but.
C'est le cas de l'écrire.

J'avoue que j'appréhendais quelque peu la rédaction de ces pages. Puisque c'est moi qui étais chargé de prendre la plus grosse partie du livre, c'est-à-dire les 60 000 premiers mots. Mes collègues n'intervenaient que sur leurs parties de jeux. Qui, quoi, où, comment, étaient les premières et légitimes questions. Les suivantes étaient d'organiser et d'ordonner une masse d'informations conséquentes. Et croyez-moi, cela représente quelques tours de terrain…

Puis, pendant mes recherches, le ruban s'est déroulé naturellement. C'était agréable. C'était agréable et beaucoup de souvenirs, de cas, de situations, de gens, me sont revenus en mémoire.
Belle partie pour un auteur.

Nos dieux du stade rayonnent dans notre monde, et au-delà du sport et de la compétition, des clivages et des classements, ils incarnent le football, et le football est et demeure une passion pour des millions de personnes, partout sur la planète.
Son plus bel effet ?
L'énergie et les yeux brillants des enfants quand ils jouent un match entre eux.
Vive le foot !

Bien à vous,

Yoann Laurent-Rouault

Bonus des bonus
La Coupe du monde de football 2022

« C'est la 22ᵉ édition de la Coupe, organisée par la FIFA et qui réunit les meilleures sélections nationales. Elle se déroulera au Qatar du 20 novembre au 18 décembre 2022, jour de la fête nationale du Qatar et une semaine avant Noël, avec une estimation du marché télévisuel potentiel à 3,2 milliards de téléspectateurs. La période inédite à laquelle se déroulera le tournoi est liée au climat du Qatar et aux trop fortes chaleurs y régnant, particulièrement aux dates où se déroule habituellement la compétition (juin-juillet).

La présence du Qatar, qualifié d'office en tant que pays hôte de la compétition, perpétue la tradition des équipes faisant leur apparition pour la première fois dans l'histoire de la Coupe du monde, même s'il s'agit de la première fois qu'aucune nouvelle nation ne se qualifie sur le terrain.

La Coupe du monde de 2022 est la septième et dernière édition du Mondial à compter 32 participants (depuis 1998). En 2018, la FIFA envisage cependant la possibilité d'anticiper le passage du tournoi à 48 équipes prévu pour 2026 et de l'appliquer en 2022, mais elle renonce à cette idée dès le printemps 2019 en raison de trop grandes difficultés à surmonter pour modifier et adapter une organisation initialement prévue pour accueillir 32 équipes et non 48. En novembre 2021, l'équipe du Brésil se qualifie et demeure la seule sélection à avoir disputé l'intégralité des phases finales. Avec l'équipe Auriverde cinq fois titrée, tous les champions du monde, sauf l'Italie éliminée en barrages, ont décroché leur place : Allemagne, Angleterre, Espagne, France, Argentine et Uruguay. La Russie, engagée dans les barrages, est exclue de la compétition par la FIFA à la suite de l'invasion de l'Ukraine par l'armée russe. »

Désignation du pays organisateur

Cinq pays étaient candidats pour l'organisation de la Coupe du monde 2022 : l'Australie, le Japon, le Qatar, la Corée du Sud et les États-Unis. Le Qatar est officiellement désigné comme pays hôte le 2 décembre 2010. En choisissant ce petit pays du Moyen-Orient, la FIFA continue à varier la géographie des pays organisateurs, après avoir opté pour l'Asie en 2002 (Japon-Corée du Sud), l'Europe en 2006 (Allemagne), l'Afrique en 2010 (Afrique du Sud), l'Amérique du Sud en 2014 (Brésil), puis à nouveau l'Europe et l'Asie en 2018 (Russie).

Le saviez-vous ?

Arrivée d'air chaud. Afin de lutter contre les températures extrêmes de la région, le Qatar a développé un système de climatisation dans les stades. Il a construit six nouveaux stades et modernisé deux autres dans le cadre d'un budget d'investissement de 4 milliards de dollars. La finale de la compétition aura lieu au Lusail Iconic Stadium.

Le stade Al Bayt est situé à Al-Khor, à cinquante kilomètres au nord de Doha. Il est doté d'une capacité totale de 45 330 places. Le stade Al-Janoub, situé à Al Wakrah, dans le sud du Qatar, a une capacité totale de 45 120 places. Il contient au niveau supérieur une tribune temporaire de 25 500 places. Les stades d'Al-Wakrah et d'Al-Khor auraient été construits même si la Coupe du monde n'avait pas été attribuée au Qatar. La rénovation du stade Khalifa International Stadium s'est terminée en mai 2017. En novembre 2017, le comité propose la construction d'un stade démontable, transportable et réutilisable, le Stade 974, le premier dans l'histoire d'une Coupe du monde. Il est construit près de Doha et inauguré en 2021, à base de containers modifiés et d'autres matériaux réutilisés. Le stade est capable d'accueillir 40 000 personnes sur une superficie totale de 450 000 m².

Acteurs de la Coupe du monde

Le 19 mai 2022, le comité des arbitres de la FIFA publie le choix des 36 arbitres, 69 arbitres assistants et 24 arbitres vidéo.

Joueurs

Le 23 juin 2022, la FIFA autorise les 32 sélections qualifiées à faire appel à une liste de 26 joueurs, au lieu de 23 (en vigueur depuis la Coupe du monde 2002). L'instance dirigeante du football mondial estime qu'il est « nécessaire d'offrir une plus grande flexibilité pour les effectifs [...] dans l'optique de faire face aux répercussions de la pandémie de Covid-19 et de la période inhabituelle au cours de laquelle la Coupe du monde 2022 aura lieu [novembre et décembre] ».

Équipes qualifiées

Éliminatoires de la Coupe du monde de football 2022

Les 32 équipes nationales qualifiées pour la phase finale par confédération et par expérience sont :

Europe (UEFA) 13 places

1. Allemagne
2. Angleterre
3. Espagne
4. France (titre)
5. Belgique
6. Suisse
7. Pays-Bas
8. Pologne
9. Portugal
10. Croatie
11. Danemark
12. Serbie
13. Pays de Galles

Amérique du Sud (CONMEBOL) 4 places

1. Brésil
2. Argentine
3. Uruguay
4. Équateur

Afrique (CAF) 5 places

1. Cameroun
2. Maroc
3. Tunisie
4. Ghana
5. Sénégal

Amérique du Nord, Centrale et Caraïbes (CONCACAF) 4 places

1.   Mexique

2.   États-Unis

3.   Costa Rica

4.   Canada

Asie (AFC) 6 places (dont une au pays hôte)
Corée du Sud : 11e phase finale

1.   Japon

2.   Arabie saoudite

3.   Australie

4.   Iran

5.   Qatar PO

Les équipes sont réparties dans quatre chapeaux avec le Qatar placé dans le premier chapeau. Les trois équipes, encore inconnues, qui se qualifieront après le tirage au sort (les deux vainqueurs des barrages intercontinentaux et le vainqueur d'un barrage de l'UEFA) sont placées en dernier dans le chapeau 4.

Les autres équipes sont placées suivant leur classement FIFA du 31 mars 2022 : les 7 meilleures dans le chapeau 1, les 8 suivantes dans le chapeau 2, etc.

Le tirage au sort place les 32 participants dans 8 groupes de 4 équipes. Deux équipes d'une même confédération ne peuvent être dans le même groupe, à l'exception des équipes de l'UEFA, pour lesquelles il y a au moins une et pas plus de deux équipes par groupe. Cette répartition s'applique aussi aux 3 équipes non connues au moment du tirage.

Déroulement de la phase finale

Le 15 juillet 2020, la FIFA publie le calendrier de la compétition qui se déroule en seulement 28 jours (en programmant quatre matchs chaque jour de la phase de groupes). Le match d'ouverture avec l'équipe organisatrice du Qatar est prévu le 20 novembre 2022 au stade Al Bayt à Al-Khor tandis que la finale aura lieu le 18 décembre 2022 au Lusail Iconic Stadium de Doha. Les choix des stades et des heures des matchs en fonction des groupes ne sont pas totalement fixés afin de garder une flexibilité pour « optimiser la compétition pour les supporters, les équipes, les médias et l'audience mondiale ».

C'est donc après le tirage au sort du 1er avril 2022 que les matchs sont assignés aux différents stades, avec également certains changements d'horaires.

Premier tour

Les équipes sont réparties dans 8 groupes de 4 équipes au premier tour. Le format est celui d'un tournoi simple : chaque équipe joue un match contre toutes les autres équipes de son groupe. Les deux premiers de chaque groupe sont qualifiés pour les huitièmes de finale.

Le système suivant d'attribution de points est appliqué : 3 points pour un match gagné. 1 point pour un match nul. 0 point pour un match perdu. Dans un groupe, lorsque des équipes se retrouvent à égalité de points, elles sont classées et départagées suivant :

* la meilleure différence de buts
* le plus grand nombre de buts marqués
* le plus grand nombre de points obtenus dans les matchs entre équipes concernées
* la meilleure différence de buts dans les matchs entre équipes concernées
* le plus grand nombre de buts marqués dans les matchs entre équipes concernées
* le plus petit nombre de points disciplinaires sur l'ensemble des matchs du groupe suivant le barème : 1 point pour un avertissement reçu par un joueur non suivi d'une expulsion, 3 pts pour le second avertissement dans un match reçu par le même joueur entraînant une expulsion, 4 pts pour une expulsion directe, 5 pts pour une expulsion directe d'un joueur déjà averti dans le match.

Si, à l'issue de la dernière journée, le départage des équipes à égalité dans un groupe est impossible suivant les critères ci-dessus et qu'une place qualificative ou le placement dans le tableau final est en jeu, alors un tirage au sort est effectué par la commission d'organisation de la FIFA.

Pour la suite de la compétition : en huitièmes de finale, le premier d'un groupe affronte le deuxième du groupe voisin. 1er du groupe A contre 2e du groupe B, 1er du groupe B contre 2e du groupe A, idem entre les groupes C/D, E/F et G/H.
Le tableau de la phase à élimination directe est établi de sorte que deux équipes issues d'un même groupe ne peuvent s'affronter à nouveau avant la finale ou le match pour la 3e place.

Groupe A de la Coupe du monde de football 2022

Match 1
(match d'ouverture)
Qatar/Équateur
Stade Al Bayt, Al-Khor
20 novembre 2022
19 h heure locale

Match 2
Sénégal/Pays-Bas
Al Thumama Stadium, Doha
21 novembre 2022
19 h heure locale

Match 18
Qatar/Sénégal
Al Thumama Stadium, Doha
25 novembre 2022
16 h heure locale

Match 19
Pays-Bas/Équateur
Khalifa International Stadium, Doha
25 novembre 2022
19 h heure locale

Match 36
Pays-Bas/Qatar
Stade Al Bayt, Al-Khor
29 novembre 2022
18 h heure locale

Match 35
Équateur/Sénégal
Khalifa International Stadium, Doha
29 novembre 2022
18 h heure locale

Groupe B de la Coupe du monde de football 2022

Match 3
Angleterre/Iran
Khalifa International Stadium,
Doha
21 novembre 2022
16 h heure locale

Match 4
États-Unis/Pays de Galles
Stade Ahmad bin Ali, Al Rayyan
21 novembre 2022
22 h heure locale

Match 17
Pays de Galles/Iran
Stade Ahmad bin Ali, Al Rayyan
25 novembre 2022
13 h heure locale

Match 20
Angleterre/États-Unis
Stade Al Bayt, Al-Khor
25 novembre 2022
22 h heure locale

Match 33
Pays de Galles/Angleterre
Stade Ahmad bin Ali, Al Rayyan
29 novembre 2022
22 h heure locale

Match 34
Iran/États-Unis
Al Thumama Stadium, Doha
29 novembre 2022
22 h heure locale

Groupe C de la Coupe du monde de football 2022

Match 8
Argentine/Arabie saoudite
Lusail Iconic Stadium, Lusail
22 novembre 2022
13 h heure locale

Match 7
Mexique/Pologne
Stade 974, Doha
22 novembre 2022
19 h heure locale

Match 22
Pologne/Arabie saoudite
Education City Stadium, Al Rayyan
26 novembre 2022
16 h heure locale

Match 24
Argentine/Mexique
Lusail Iconic Stadium, Lusail
26 novembre 2022
22 h heure locale

Match 39
Pologne/Argentine
Stade 974, Doha
30 novembre 2022
22 h heure locale

Match 40
Arabie saoudite/Mexique
Lusail Iconic Stadium, Lusail
30 novembre 2022
22 h heure locale

Groupe D de la Coupe du monde de football 2022

Match 6
Danemark/Tunisie
Education City Stadium, Al Rayyan
22 novembre 2022
16 h heure locale

Match 5
France/Australie
Al-Janoub Stadium, Al Wakrah
22 novembre 2022
22 h heure locale

Match 21
Tunisie/Australie
Al-Janoub Stadium, Al Wakrah
26 novembre 2022
13 h heure locale

Match 23
France/Danemark
Stade 974, Doha
26 novembre 2022
19 h heure locale

Match 37
Australie/Danemark
Al-Janoub Stadium, Al Wakrah
30 novembre 2022
18 h heure locale

Match 38
Tunisie/France
Education City Stadium, Al Rayyan
30 novembre 2022
18 h heure locale

Groupe E de la Coupe du monde de football 2022

Match 11
Allemagne/Japon
Khalifa International Stadium,
Doha
23 novembre 2022
16 h heure locale

Match 10
Espagne/Costa Rica
Al Thumama Stadium, Doha
23 novembre 2022
19 h heure locale

Match 25
Japon/Costa Rica
Stade Ahmad bin Ali, Al Rayyan
27 novembre 2022
13 h heure locale

Match 43
Japon/Espagne
Khalifa International Stadium,
Doha
1er décembre 2022
22 h heure locale

Match 28
Espagne/Allemagne
Stade Al Bayt, Al-Khor
27 novembre 2022
22 h heure locale

Match 44
Costa Rica/Allemagne
Stade Al Bayt, Al-Khor
1er décembre 2022
22 h heure locale

Groupe F de la Coupe du monde de football 2022

Match 12
Maroc/Croatie
Stade Al Bayt, Al-Khor
23 novembre 2022
13 h heure locale

Match 26
Belgique/Maroc
Al Thumama Stadium, Doha
27 novembre 2022
16 h heure locale

Match 41
Croatie/Belgique
Stade Ahmad bin Ali, Al Rayyan
1er décembre 2022
18 h heure locale

Match 9
Belgique/Canada
Stade Ahmad bin Ali, Al Rayyan
23 novembre 2022
22 h heure locale

Match 27
Croatie /Canada
Khalifa International Stadium,
Doha
27 novembre 2022
19 h heure locale

Match 42
Canada/Maroc
Al Thumama Stadium, Doha
1er décembre 2022
18 h heure locale

Groupe G de la Coupe du monde de football 2022

Match 13
Suisse/Cameroun
Stade Al-Janoub, Al Wakrah
24 novembre 2022
13 h heure locale

Match 29
Cameroun/Serbie
Stade Al-Janoub, Al Wakrah
28 novembre 2022
13 h heure locale

Match 47
Serbie/Suisse
Stade 974, Doha
2 décembre 2022
22 h heure locale

Match 16
Brésil/Serbie
Lusail Iconic Stadium, Lusail
24 novembre 2022
22 h heure locale

Match 31
Brésil/Suisse
Stade 974, Doha
28 novembre 2022
19 h heure locale

Match 48
Cameroun/Brésil
Lusail Iconic Stadium, Lusail
2 décembre 2022
22 h heure locale

Groupe H de la Coupe du monde de football 2022

Match 14
Uruguay/Corée du Sud
Education City Stadium, Al
Rayyan
24 novembre 2022
16 h heure locale

Match 30
Corée du Sud/Ghana
Education City Stadium, Al
Rayyan
28 novembre 2022
16 h heure locale

Match 15
Portugal/Ghana
Stade 974, Doha
24 novembre 2022
19 h heure locale

Match 32
Portugal/Uruguay
Lusail Iconic Stadium, Lusail
28 novembre 2022
22 h heure locale

Match 45
Ghana/Uruguay
Al-Janoub Stadium, Al Wakrah
2 décembre 2022
18 h heure locale

Match 46
Corée du Sud/Portugal
Education City Stadium, Al
Rayyan
2 décembre 2022
18 h heure locale

Et que la force soit avec nous !

Note : le programme ci-dessus donné par la FIFA à l'issue du tirage au sort le 1ᵉʳ avril 2022 est toujours susceptible de modifications.

Quelques infos sur la Coupe du monde 2022 glanées sur le web et dans la presse

(Sources en fin de livre)

Mascotte

La mascotte officielle de la compétition est dévoilée le 1ᵉʳ avril 2022 : il s'agit d'un keffieh (coiffe traditionnelle arabe) se nommant « La'eeb ».

Musique officielle

Le premier hymne officiel de la compétition est *Hayya Hayya (Better Together)*, composée par Davido chanteur nigérian, Aisha et Trinidad Cardona, chanteur R&B américain. L'hymne a été dévoilé lors de la cérémonie du tirage au sort de la compétition.
Un second hymne officiel est dévoilé en août 2022, *Arhbo*, interprété en duo par Gims et Ozuna.

Logo de la Coupe du monde 2022

Le logo officiel de la compétition est révélé par la FIFA le 3 septembre 2019. Il est imaginé par Brandia Central, une agence de conseil en stratégie de marque basée au Portugal, dans le cadre d'un appel d'offres auquel ont pris part huit agences russes et internationales. Le design « incarne les valeurs d'un évènement qui connecte et unit le monde entier, en plus de rassembler des éléments qui évoquent la culture arabe et le football. Les ondulations de l'emblème font allusion aux dunes des déserts de sable si caractéristiques du pays hôte, tandis que sa forme est à la fois celle du chiffre huit — comme le nombre d'enceintes magnifiques qui accueilleront la compétition — et celle du symbole de l'infini, qui vient souligner les innombrables interconnexions qu'implique la compétition ».

Ballon officiel

Le 30 mars 2022, Adidas et la FIFA dévoilent le ballon de la compétition qui se nomme Al Rihla. D'après la FIFA, « Al Rihla, qui signifie "le voyage" en arabe, tire son inspiration de la culture, de l'architecture, des bateaux traditionnels et du drapeau du Qatar. Le dynamisme et la vivacité des couleurs sur fond perlé est à l'image du pays hôte de la Coupe du monde et de la vitesse croissante du football ».

Le saviez-vous ?

Sans alcool, la fête est plus molle. L'interdiction de la vente et consommation d'alcool. En mars 2012, le Qatar, bien qu'ayant l'islam comme religion officielle d'État et la Charia comme principale source d'inspiration juridique, a fait savoir par la voix de Hassan Al Thawadi, secrétaire général du Comité d'Organisation, que l'alcool ne serait pas banni durant la Coupe du monde. En attendant la date de la manifestation sportive, la tendance locale semble pourtant être au durcissement des restrictions en matière d'alcool, puisqu'après en avoir interdit la consommation sur l'île artificielle Pearl Qatar, l'émirat l'a interdite aussi aux abords des plages et des piscines.

Liste des partenaires FIFA et sponsors de la compétition

Partenaires FIFA :

* Adidas
* Coca-Cola
* Dabian Wanda Group
* Hyundai – Kia
* Qatar Airways
* Qatar Energy (depuis le 27 mars 2022)
* Visa

Sponsors de la compétition :

* Budweiser (Anheuser-Busch) (depuis le 28 octobre 2011)
* BYJU'S (depuis le 24 mars 2022)
* Crypto.com (depuis le 22 mars 2022)
* Hisense (depuis le 27 avril 2021)
* McDonald's

* Mengniu (depuis le 25 octobre 2021)
* TikTok (depuis 2022)
* Vivo (depuis le 31 mai 2017)

Voilà pour l'essentiel, ces informations sont aussi disponibles sur de nombreux supports. Il ne reste plus qu'une chose à faire : aller chercher la troisième étoile.

Sources et références

A noter : ne sont référencées ici que les principales sources de travail. Liste complète et détails disponibles sur demande à l'adresse contact@jdheditions.fr. Sur conditions.

@OptaJean
90min.com
academie-sports.com
acrimed.org.
actu.fr
AFP,
afriquesports.net
Agnès Olive
Alexandre Jaquin
allezredstar.com
Andrew Mourant,
Apolline Bouchery
Arnaud Hermant
ARTE
AS Monaco FC
asmfoot.fr
association caritative Neuf de Cœur
Aurélien Léger-Moëc
auto.nouvelobs.com
Base de Datos del Futbol Argentino
basketusa.com
BBC Goal of the Month
BBC Sport
BDFutbol
beinsports.com
Bérénice Marmonier,
Bernard Morlino
Bibliothèque du Congrès
Bibliothèque nationale d'Australie
Bibliothèque nationale d'Espagne
Bibliothèque nationale de France
Bibliothèque nationale de Pologne

Bibliothèque royale des Pays-Bas
bleacherreport.com
Bondy Blog
booknode.com
BOOSKA-P.com
Bruno Lesprit
Cantona, the Rebel who Would be King
Cash investigation
Casterman
chroniquesbleues.fr
chroniquesbleues.fr
CNEWS
Comité international olympique
Coupe de France : La folle épopée
Coupe Kirin
CulturePSG
CYCLO-JPP
Daily Telegraph
Damien Louis
David Lacey
David Opoczynski
Denis Chaumier
Dialectik Football
Édition du soir Ouest France www.ouest-france.fr
Edition no 1 Onze Mondial, ela-asso.com.
e-newspaperarchives.ch
Equipes de France - FFF Fédération Française de Football.
Éric Cantona le légionnaire
ESPN FC
ESPN.com
ESPNFC.com

Eu-football
Eugène Saccomano
Europe 1
Eurosport
eurosport.fr
excerpts.numilog.com
Fabrice Auclert
fcgueugnon.fr
Fédération française de football
Fédération Internationale de Football Association.
festival-foot-espoirs.com
FFF.fr
fflose.com
FIFA 21 éditions standards
Financial Times
First Editions
Fondation Abbé Pierre, Paris
Foot National
Football Leaks
Football.fr
footballdatabase.eu
football-italia.net
foot-espoirs.com
footgolf-france.fr
footichiste.com
Footiz.
footmercato.net
Forbes
fourfourtwo.com
fr.uefa.com
France Bleu
France Télévision.
france3-regions.
francebleu.fr
franceinfo.fr.
Francetvsport

Fred Guilledoux
Frédéric Hermel
Fussballdate
gala.fr
Genius.com
gentside.com
Gérard Ejnès
gettyimages.ch
Ghislain Loustalot
girondins4ever.com
givemesport.com
Globe Soccer Awards
Goal.com
goldenfoot.com
Google
GQ France
Grasset
guardian.co.uk
Guillaume Loisy
histoaja.free.fr
huffingtonpost.fr
Hugo et Compagnie
Hugues Sionis
independent.co.uk
infobae
Isabelle de Foucaud
Ivan Pointing
Jacques Durand
Jacques Hennaux,
Jean-Michel Cazal
Jean-Philippe Bouchard
Jérôme Cazadieu
jimjagger.com
José Luis Pierrend,
Juworld.net.
L.E.J - Liberté, Égalité
L'intégrale de l'équipe de France de football, 1904-1998
La Croix
La Vie
la-croix.com
laprovence.com
Larousse,

lavenir.net
lavoixdunord.fr
LCI
Le Figaro
Le Figaro Etudiant
Le Journal de Mickey
Le Monde.fr
Le Mouv'
Le Parisien
Le Vestiaire du Sport
Leballonrond
leblogtvnews.com
lechorepublicain.fr
lecorner.org
ledauphine.com
Leeds United Player by Player
lefigaro.fr
lepoint.fr
L'Équipe Magazine.
L'Équipe.fr
L'Equipe.fr.
les 20 meilleures recrues de l'histoire de la Premier League
Les Cahiers du football
Les médailles de l'Académie des sports
letelegramme.fr
L'Express.
LFP
L'Humanité.
LibéOrléans
Libération.fr.
Ligue de football professionnel Ligue 1
ligue1.com
L'internaute
Looking for Eric
Luc Le Vaillant
Marc Dolisi
marianne.net
maxifoot.fr
Mediapart

meilleur onze historique de l'OM
Michel Guerrin
Michel Oreggia
Milan AC : Le top 25 des meilleurs joueurs de l'ère Berlusconi
milanismo.it
Movie Database
Munzinger Sport
N. S.
National Football Teams
news.bbc.co.uk
nicematin.com.
nouvelobs.com
Numéro Magazine closermag.fr
OFFICIAL TOP SCORER CHART
Oh My Goal
oldiesrising.com
oldschoolpanini.com
Olivier De Bruyn
Pan Books
pari-et-gagne.com
Paris Match
parismatch.com
paristeam.fr
parisunited.net
Patrick Sowden
people.premiere.fr
Philippe Auclair
Pierre Cazal
Pierre-Marie Descamps
Pif, des gadgets et du foot
PKFoot.com.
Platini : ma vie comme un match, Paris, Robert Laffont
postup.fr
poteaux-carres.com
premiereslignes.fr
PSG.FR
RC Lens

Reinventing the Cosmos
Remi Dupré et Henri Seckel
republicain-lorrain.fr
Réseau des bibliothèques de Suisse occidentale
reunion.orange.fr
reuters.screenocean.com
Richard Coudrais, Du stade aux Arènes
RMC SPORT
rmcsport.bfmtv.com
rmcsport.bfmtv.com
Robert Laffont
Roland Gauron
rsssf.com
Rue89
Sébastien Tarrago
selectiona.free.fr
Silvie Ariès
Site Bankrun
site de la FIFA
site officiel de la FIFA
Site officiel du FC Bruges
Site sportschau.de
Soccerbase
SoccerPunter
Soccerway
soccerway.com
SOFOOT.com
SoundCloud
sport.gentside.com
Sport24
sportbuzzbusiness.fr
sportmagazine.levif.be
sports.fr
Stéphane Saint-Raymond
Store norske leksikon
storiedisport.it
sur redcafe.net

Système universitaire de documentation
tele.premiere.fr
The 2011 New York Cosmos Asia Tour Featuring
The 25 most expensive transfers in football history adjusted for inflation
The Guardian
The Indian Express.
The New York Cosmos Asia Tour »
theguardian.com
Thibaut Lasser
Thomas Renard
Thomas Tuchel
TIME.com
Top 10 : Français du Milan AC
Top 10 : Papinades [
TOP 50 des meilleurs joueurs de l'histoire de l'Équipe de France
transfermarkt.fr
Tribune de Genève
Trophée Kopa France Football 2018
Trophées UNFP
UEFA [archive].
uefa.com
ucfa.com
ultimodiez.fr
Université de Nice
uslesquin.fr
Vesti.kz
ville-soissons.fr
Vincent Garcia
waouh.cool
WeAreFootball.
Wikimedia
Wikimedia Commons

Wikipédia en anglais.
Wikiquote
Wikiwix
World Cat
world soccer sensation
www.20minutes.fr
www.90min.com
www.afriquesports.net
www.asmonaco.com
www.booska-p.com
www.boursorama.com
www.cahiersdufootball.net
www.eurosport.fr/football
www.fifa.com
www.fondation-abbe-pierre.fr
www.football-the-story
www.globesoccer.com
www.hugopublishing.fr
www.ina.fr
www.jeuxvideo.com
www.lamontagne.fr
www.le10sport.com
www.legifrance.gouv.fr
www.maxifoot.fr
www.nycosmos.com
www.ouest-france.fr/sport/football/fifa
www.pariskop.fr
www.planete-asm.tr
www.presseurop.eu
www.programme-tv.net
www.rfgenealogie.com
www.rtl.fr
www.rusteam.permian.ru
www.sofoot.com
www.telegraph.co.uk
Yahoo.com
Yann Dey-Helle
Youtube.com
Zagreb Bibliothèque national

Découvrez les autres collections de JDH Éditions

Magnitudes

Drôles de pages

Nouvelles Pages

Uppercut

Versus

Les Collectifs de JDH Éditions

Case Blanche

Hippocrate & Co

My Feel Good

Romance Addict

F-Files

Black Files

Les Atemporels

Quadrato

Baraka

Les Pros de l'Éco

Tierra Latina

Les Pros de l'Immo

Toque et Plume

Suivez **JDH Éditions** sur les réseaux sociaux
pour en savoir plus sur les auteurs,
les nouveautés, les projets…

Inscrivez-vous à notre Newsletter sur
www.jdheditions.fr
Pour recevoir l'actualité de nos nouvelles
parutions